Katja Bornholt

Entwicklung und Anwendung eines Frameworks für das IT-Controlling anhand des praktischen Beispiels bei der Lufthansa-Systems

GRIN Verlag

Bibliografische Information der Deutschen Nationalbibliothek:

Die Deutsche Bibliothek verzeichnet diese Publikation in der Deutschen National-
bibliografie; detaillierte bibliografische Daten sind im Internet über http://dnb.d-
nb.de/ abrufbar.

Impressum:

Copyright © 2011 GRIN Verlag, Open Publishing GmbH
Druck und Bindung: Books on Demand GmbH, Norderstedt Germany
ISBN: 978-3-640-94945-8

Dieses Buch bei GRIN:

http://www.grin.com/de/e-book/174380/entwicklung-und-anwendung-eines-frame-
works-fuer-das-it-controlling-anhand

GRIN - Your knowledge has value

Der GRIN Verlag publiziert seit 1998 wissenschaftliche Arbeiten von Studenten, Hochschullehrern und anderen Akademikern als eBook und gedrucktes Buch. Die Verlagswebsite www.grin.com ist die ideale Plattform zur Veröffentlichung von Hausarbeiten, Abschlussarbeiten, wissenschaftlichen Aufsätzen, Dissertationen und Fachbüchern.

Besuchen Sie uns im Internet:

http://www.grin.com/

http://www.facebook.com/grincom

http://www.twitter.com/grin_com

CARL
VON
OSSIETZKY
universität OLDENBURG

VERY LARGE
BUSINESS APPLICATIONS
Carl von Ossietzky Universität Oldenburg

Thema:

Entwicklung und Anwendung eines Frameworks für das IT-Controlling anhand des praktischen Beispiels bei der Lufthansa-Systems

Masterthesis

Abteilung Wirtschaftsinformatik 1:
Very Large Business Applications

vorgelegt von: Katja Bornholt

Abgabetermin: 14. Dezember 2010

Inhalt

Abbildungsverzeichnis

Tabellenverzeichnis

Formelverzeichnis

1   Abgrenzung

Um Controlling erfolgreich einführen zu können, sollte das Controlling-Gebiet (siehe Kap. 2.4) klar und unmissverständlich definiert werden, insbesondere in Hinblick auf die benötigten Kennzahlen, die aus einem großen Pool von möglichen Kennzahlen zu selektieren sind.

Dazu sollten zuerst die Begriffe geklärt werden, die zur Abgrenzung notwendig sind. Beim Controlling eines Softwareentwicklungsprojektes, ist zu definieren, was unter einem Softwareprojekt zu verstehen ist. Diese Abgrenzung sollte immer im Vorwege der Einführung eines Controllings erfolgen.

Weiterhin muss klar abgegrenzt sein, was unter IT-Projektcontrolling zu verstehen ist. Im Folgenden werden die Begriffe dargestellt und die Abgrenzung zu anderen Bereichen vorgenommen.

1.1   Projekte

Um zu definieren, was in dieser Arbeit unter einem Softwareprojekt verstanden wird, soll zuerst untersucht werden, was im Allgemeinen als Definition eines Projektes gelten kann und was unter Softwareprojekten im Speziellen zu verstehen ist.

1.1.1   Allgemeine Definition

Unter einem Projekt ist ein Vorgang zu verstehen, der sich durch die folgenden Eigenschaften ausweist:

-   **Er ist zeitlich begrenzt.**

    Der Vorgang hat somit einen definierten Anfang und ein definiertes Ende. Wie der Anfang bzw. das Ende definiert ist, bedarf einer entsprechenden Klärung. (Vgl. Schlingloff, 2002)

-   **Er ist hinsichtlich der Kosten und der Dauer abschätzbar.**

    Hier zeigt sich der zeitliche Bezug, wie er oben bereits angesprochen wurde. Zusätzlich kommt der Kostenfaktor hinzu, der in einem gewissen Rahmen eingrenzbar erscheint. Üblicherweise erfolgt diese Abschätzung durch eine „Schätzklausur". (Vgl. Schlingloff, 2002)

- **Er kann in Teilprojekte zerlegt werden.**

Es kann eine Feingliederung eines Projektes in kleine, einzelne Projekte oder gar Tätigkeiten erfolgen. (Vgl. Pabst-Weinschenk o.J. (a))

- **Er ist risikobehaftet.**

Ein Projekt kann in Bezug auf das Projektgelingen oder -scheitern mit einem gewissen Maß an Risiko behaftet sein. Dies begründet sich durch die Neuartigkeit und die dadurch fehlenden Erfahrungen mit einem solchen Projekt. (Vgl. Schlingloff, 2002)

- **Er erfordert die Zusammenarbeit von verschiedenen Spezialisten unterschiedlicher Bereiche.**

Diese Forderung ergibt sich aus der Einmaligkeit und damit der Neuartigkeit eines Projektes. (Vgl. Schlingloff, 2002)

- **Er hat einen Namen, ein definiertes Ziel, ein Projektteam und einen Projektleiter.**

Ein Projekt wird durch seinen Namen eindeutig identifiziert.

Das Ziel hat für ein Projekt eine besondere Bedeutung Es müssen die folgenden Kriterien erfüllt sein:

- Es muss einen Namen haben, der es identifiziert.

- Es muss klar definiert sein.

- Es muss einen Zeithorizont haben.

- Es muss realistisch und verwirklichbar sein.

- Es muss messbar und überprüfbar sein.

Auch sollten sich die Mitarbeiter des Projektes mit diesem Ziel identifizieren können. (Vgl. Pabst-Weinschenk o.J. (c))

Der Projektleiter trägt die Verantwortung für das Gelingen des Projektes. Diese Verantwortung gliedert sich in die Bereiche

- Projektteamführung und Personalverantwortung,

- Informationsverantwortung,

- Planungsverantwortung,

- Koordinierungsverantwortung,

- Kontrollverantwortung,

- Dokumentationsverantwortung und

- Etatverantwortung.

Der Projektleiter benötigt zur Bewältigung seiner Aufgabe einen klar definierten Aufgaben-, Kompetenz- und Verantwortungsrahmen. (Vgl. (Pabst-Weinschenk o.J. (d))

- **Er hat eine klare Abgrenzung zu anderen Vorhaben.**

Ein Projekt kann von anderen Vorhaben eindeutig abgegrenzt werden. (Vgl. Pabst-Weinschenk o.J.(a))

- **Er weist eine projektspezifische Organisation aus.**

Diese Organisation bezieht sich auf das Projektteam und die Projektleitung. (Vgl. Schlingloff, 2002)

- **Er weist eine gewisse Einmaligkeit auf.**

Diese gewisse Einmaligkeit setzt sich aus einer Vielzahl von Attributen zusammen. Diese sind anderen

- Zielvorgaben,

- zeitliche, finanzielle und personelle Faktoren und

- Abgrenzungen gegenüber anderen Projekten.

Die Gesamtheit aller Attribute zeigt dazu die Einmaligkeit eines Projektes an. (Vgl. Pabst-Weinschenk o.J. (b))

1.1.2 Softwareprojekt

Nachfolgend soll definiert werden, was unter einem Softwareprojekt zu verstehen ist. Dazu soll zuerst geklärt werden, was Software im Einzelnen ist.

Software

Eine Software kann in einem engeren Sinne und in einem weiteren Sinne definiert werden. Im Folgenden werden beide Definitionen aufgeführt und näher betrachtet.

1.1.2.1.1 Software im engeren Sinne

Im engeren Sinne sind unter dem Begriff Software

„Algorithmen, die in einer Programmiersprache beschrieben sind"
(Schlingloff, 2002)

zu verstehen, somit jegliche in einer beliebigen Programmiersprache geschriebenen Codezeilen. Diese Definition bezieht sich auf die immateriellen Elemente, die durch eine Programmierung erzeugt werden können. Es handelt sich hierbei um eine zusammenfassende Beschreibung von Programmen, die zur Ausführung auf einer Maschine vorgesehen sind. Dabei wird zwischen System und Anwendungssoftware sowie Entwicklungssoftware unterschieden. (Vgl. Hansen & Neumann, 2005)

1.1.2.1.2 Software im weiteren Sinne

Software im weiteren Sinne bezeichnet

„Jede Art von geistigem Artefakt, welches zur Ausführung auf einer Maschine konzipiert ist (also auch: Spezifikationen, Diagramme, Konstruktionszeichnungen, Pläne, [...])" (Schlingloff, 2002).

Das Verständnis der Software im weiteren Sinne ergänzt somit den Softwarebegriff im engeren Sinne um die zugehörige Dokumentation. Insbesondere können hierunter auch die organisatorischen Richtlinien und Verfahrensregeln verstanden werden.

1.1.2.2 Softwareproduktlebenszyklus

Der Softwareproduktlebenszyklus umfasst die Zeitspanne von der ersten Initialisierung eines Softwareentwicklungsprozesses bis hin zur Entsorgung der Software oder deren Ablösung durch ein Nachfolgeprodukt.

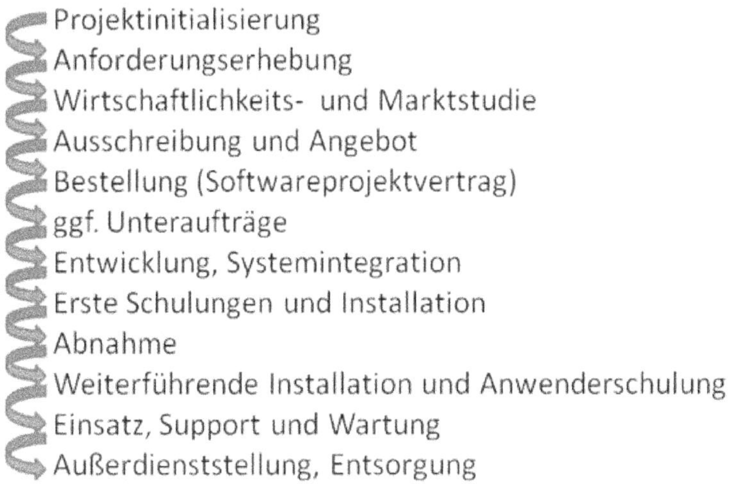

Projektinitialisierung
Anforderungserhebung
Wirtschaftlichkeits- und Marktstudie
Ausschreibung und Angebot
Bestellung (Softwareprojektvertrag)
ggf. Unteraufträge
Entwicklung, Systemintegration
Erste Schulungen und Installation
Abnahme
Weiterführende Installation und Anwenderschulung
Einsatz, Support und Wartung
Außerdienststellung, Entsorgung

Abb. 1.1: Softwarelebenszyklus

(In Anlehnung an Schlingloff 2002 (b), S.4)

1.1.2.3 Softwareprojekt

Nachdem nun die Begriffe Projekt, Software und Softwareproduktlebenszyklus definiert worden sind, kann auf dieser Grundlage ein Softwareprojekt näher beschrieben werden. Ein Softwareprojekt ist ein Projekt, dessen Ziel die Erstellung oder Wartung eben dieses Softwareproduktes ist und das sich über einen Teil oder über den gesamten Softwareproduktlebenszyklus erstrecken kann.

Wie aus der obigen Abbildung hervorgeht, lässt sich der Softwareproduktlebenszyklus in verschiedene Abschnitte unterteilen. Dabei können drei Phasen besonders herausgearbeitet werden, die im Nachfolgenden dargestellt werden.

1.1.3   Vorvertrag

Diese Phase umfasst den Softwareproduktlebenszyklus von der ersten Projektinitiierung, also dem ersten Kontakt mit dem Auftraggeber, bis zum Vertragsabschluss. In dieser Phase erfolgt die Kontaktaufnahme zwischen dem Auftraggeber – dem Empfänger der Leistung eines Softwareprojektes – und dem Auftragnehmer – dem Erzeuger der Leistung eines Softwareprojektes. Hier erfolgt die Sondierung der Wünsche des Auftraggebers, die als sogenanntes Lastenheft schriftlich niedergelegt werden. Dabei werden die Kundenwünsche in quantifizierbarer und prüfbarer Form dargestellt. Das Lastenheft dient als Ausschreibungs-, Angebots- und Vertragsgrundlage. Auch wird in dieser Phase das sogenannte Pflichtenheft erstellt, das zum einen das Lastenheft enthält und vom Auftragsnehmer mit detaillierten Realisierungsanforderungen ergänzt wird. Es dient als Basis für die Durchführung von Abnahmen und als verbindliche Vereinbarung zur Projektabwicklung.

Als Gegenpool zum Pflichten- und Lastenheft kann im Vertrag auch eine Abgrenzung der zu erbringenden Leistung erfolgen. Dabei werden die Kundenwünsche in nicht detaillierter Form vertraglich festgehalten und durch vertragliche Zusätze dahingehend ergänzt, was noch zur Projektrealisierung gehört bzw. was sich außerhalb der Projektrealisierung bewegt und ein Change-Request erfordert.

Aus dieser Phase, die als Angebots- und Nachfragephase gesehen werden kann, geht ein Softwareprojektvertrag hervor.

Nach (Schlingloff 2002(b)) betrifft dies die Bereiche „Projektinitialisierung", „Anforderungserhebung", „Wirtschaftlichkeits- und Marktstudie", „Ausschreibung und Angebot" sowie „Bestellung".

Innerhalb der Vorvertragsphase lassen sich somit verschiedene Teilabschnitte unterscheiden:

- **Initialer Start**

In diesem Teilabschnitt erfolgt die erste Kontaktaufnahme. Oftmals erfolgt diese durch den Kunden.

- **Erstes Gespräch**

In diesem Teilabschnitt, der zeitlich durchaus mit dem initialen Start zusammenfallen kann, erfolgt eine erste grobe Anforderungsdefinition. Dabei können auch eine Spezifikation der genutzten Technologien und eine erste grobe Abschätzung des benötigten Zeitrahmens erfolgen. Auch können hier Besonderheiten oder Vorgehensmodelle spezifiziert werden.

- **Ausschreibung**

Nach dem ersten Gespräch erfolgt durch den Kunden die Ausschreibung des Projektes. Diese Ausschreibung kann an einen Anbieter, aber auch an eine Gruppe von Anbietern adressiert werden. In diesem Teilabschnitt erfolgt die Erstellung einer genaueren Spezifikation, möglicherweise in Form eines Lastenheftes, eines Anforderungskatalogs oder eines Grobkonzeptes.

- **Angebot**

Das Erstellen des Angebotes kann, besonders bei größeren Aufträgen, im Anschluss an den Teilabschnitt der Ausschreibung erfolgen. Auch wenn die Ausschreibung an mehrere Auftragnehmer adressiert ist, erfolgt eine Erstellung eines Angebotes. Das Angebot umfasst dabei fachliche Einschätzungen aus Sicht des Auftragnehmers, die die Umsetzung der aus der Ausschreibung hervorgehenden Anforderungen beinhaltet. Dazu gehört die Machbarkeitsstudie. Auch eine kaufmännische Einschätzung des Aufwands erfolgt an dieser Stelle. Hier werden die technologischen Voraussetzungen, die durch den Kunden vorgegeben sind dargestellt und das Risiko, das mit einer Entwicklung einhergeht, betrachtet. Auch die Personaleinsatzplanung und der Zeitrahmen werden hier bereits festgeschrieben. Das Angebot wird auf Einhaltung von gesetzlichen Vorschriften geprüft und enthält eine Bindungsfrist.

- **Vertragsverhandlungen**

Im Anschluss an die Erstellung des Angebotes kann es zu einer Angebotsannahme kommen. Dabei werden offene Punkte offensichtlich, die zu einer Rückkopplung in eine frühere Phase – an die Angebots-, teilweise sogar die Ausschreibungsphase – führen. Im besten Fall erfolgt die Leistung der Unterschriften. Anders als in der theoretischen Vorannahme erfolgt jetzt nicht zwingend die Erstellung eines Pflichtenheftes. Oftmals werden in der praktischen Umsetzung des Vertrages die Anforderungen abgegrenzt, wodurch eine Beschränkung des Softwareentwicklungsprojektes erfolgt. Dieses Vorgehen ermöglicht eine ungenaue Definition der Umsetzung, was dem Auftragnehmer entgegenkommt, da zur Zeit der Entwicklung die Umsetzung angepasst werden kann. Auch der Auftraggeber profitiert von diesem Vorgehen, da er seine Anforderungen zum Vertragsabschluss nicht detailliert formulieren muss. So wird die Softwareentwicklung innerhalb der Abgrenzungen durchgeführt, was beiderseitig Spielräume ermöglicht und die Vertragsgestaltung erheblich vereinfacht. Der Softwareerstellungsvertrag (Individualsoftware) ist derzeit ein Werk- und Liefervertrag mit Nutzungseinräumung. Nach der Entscheidung des BGH vom 23.7.2009 (Aktenzeichen VII ZR 151/08) kann sich dies jedoch bald ändern.

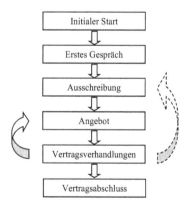

Abb. 1.2: Ablaufphase Vorvertrag

(Quelle: eigene Grafik)

1.1.4 Entwicklung

In der nachfolgenden Phase erfolgt die Umsetzung der in der Vorvertragsphase entstandenen Anforderungen an das Softwareprojekt. Dazu kann es notwendig bzw. wirtschaftlich sein, Teile des Softwareprojektes an Zulieferbetriebe auszugliedern, so dass es in Bezug auf die Zulieferbetriebe ebenfalls zu einer Vorvertragsphase kommt. Dieses erneute Eintreten in eine Vorvertragsphase erfolgt unter dem Gesichtspunkt, dass der Auftragnehmer zum Auftraggeber wird und der Zulieferbetrieb zum Auftragnehmer. Die Entwicklung dieser Teilprojekte erfolgt dann im Zulieferbetrieb, für den die Phasen der Entwicklung und des Betriebsübergang analog gelten.

Es erfolgt in dieser Phase die Implementierung der Anforderungen aus dem Pflichtenheft. An die Implementierung der Anforderungen schließt die Endabnahme durch den Auftraggeber an. Sofern im Pflichtenheft Nachbesserungen, Installationen und Schulungsmaßnahmen vorgesehen sind, gehören diese ebenfalls in die Phase der Entwicklung. In Abb. 1.1 betrifft dies die Bereiche „Entwicklung", „Systemintegration", „Abnahme" und, sofern dies Bestandteil des Pflichtenheftes ist, „Erste Schulungen und Installation".

1.1.5 Nachvertrag

Nach erfolgter Abnahme erfolgt die Nachvertragsphase. Diese Phase beinhaltet die weiterführenden Schulungsmaßnahmen und weitere Installationen, die nicht im Pflichtenheft vorgesehen sind und aufgrund weiterer vertraglicher Vereinbarungen entstehen. Der Auftragnehmer führt in dieser Phase Wartungsarbeiten durch, leistet entsprechenden Support und führt ggf. weitere Schulungen durch. Den Abschluss findet diese Phase in der Außerdienststellung der Software. In Abb. 1.1 betrifft dies die verbleibenden Bereiche „Weiterführende Installation und Anwenderschulung", „Einsatz, Support und Wartung" sowie „Außerdienststellung, Entsorgung".

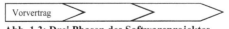

Abb. 1.3: Drei Phasen des Softwareprojektes

(Quelle: eigene Grafik)

1.2 Softwareprojekt im Sinne dieser Arbeit

Diese Arbeit beschäftigt sich mit dem Controlling von Softwareentwicklungsprojekten, somit stehen Softwareprojekten in der Entwicklungsphase im Mittelpunkt der Untersuchung.

2   Entwicklung eines Frameworks

Bevor spezifiziert werden kann, was das Framework leisten soll, muss definiert werden, was im Sinne dieser Arbeit unter dem Begriff Framework zu verstehen ist.

2.1   Begriffsdefinition Framework

Der Begriff Framework stammt aus dem englischen Sprachgebrauch. Ins Deutsche übersetzt bedeutet er „Bezugssystem", „Gerippe", „Fachwerk", „Grundstruktur", „Rahmen", „Gerüst".

Im Sprachgebrauch der Informationswissenschaften bedeutet dieser Begriff Programmiergerüst im Sinne einer komponentenbasierten Entwicklung von Software.

Im wirtschaftswissenschaftlichen Kontext wird der Begriff des Frameworks in Assoziation mit den IAS, den International Accounting Standards, gebracht, genauer dem „Framework for the Preparation and Presentation of Financial Statements". Hier soll ein Framework eine

> *„[...] konzeptionelle Grundlage für die Erarbeitung und Anwendung von Rechnungslegungsvorschriften [...]"*

liefern. (Vgl. Wirtschaftslexikon 2000)

In Hinblick auf diese Arbeit, die Controlling als zentrales Thema hat, soll der Begriff des Frameworks in Anlehnung an die wirtschaftswissenschaftliche Interpretation des Begriffes Framework verstanden werden als

„Grundlage für die Erarbeitung und Anwendung von IT-Controlling-Maßnahmen im Bereich von Softwareentwicklungsprojekten".

Hierfür soll das Framework einen Handlungsrahmen geben, der nicht zwingend verbindlich, aber richtungsweisend darstellen soll, wie ein IT-Projektcontrolling eingeführt werden kann.

2.2 Ableiten eines Frameworks

In den folgenden Abschnitten soll die Ableitung eines solchen Frameworks dargestellt werden.

2.2.1 Was soll durch dieses Framework erreicht werden?

Das hier vorgestellte Framework soll einen Handlungsrahmen vorgeben, der durch Anpassung eine Einführung von IT-Controlling ermöglicht, um einfach und schnell ein IT-Projekt bewerten zu können. Dabei soll bewusst darauf verzichtet werden, ein verbindliches Konzept vorzustellen, da eine Adaption des Frameworks durch Anpassung an die unternehmensspezifischen Gegebenheiten möglich sein soll. Um das so gesetzte Ziel zu erreichen, müssen zuerst die notwendigen Grundlagen zum Verständnis von Softwareentwicklungsprojekte gelegt werden, was in den folgenden Abschnitten erfolgen soll.

2.3 Entwicklungsmodelle

In der Softwareentwicklung wird zwischen agilen und klassischen Softwareentwicklungsprozessen unterschieden. Beide Prozessarten stellen unterschiedliche Anforderungen an das Projektmanagement in den verschiedenen Phasen des Softwareproduktlebenszyklus. Nachfolgend sind einige Beispiele dieser Prozessarten aufgeführt. Auf eine detaillierte Betrachtung soll an dieser Stelle jedoch verzichtet werden, da dies nicht Bestandteil dieser Arbeit sein kann.

2.3.1 Klassische Vorgehensmodelle

2.3.1.1 „Code und Fix"

„Code und Fix"-Vorgehensmodelle stammen aus der Anfangszeit der Rechnertechnologien, als Software noch von einem einzelnen Programmierer entwickelt und gewartet wurde. Die Software wird „on the fly" zu den Anforderungen entwickelt und Fehler werden im laufenden Betrieb behoben. Dies ist ein eher unstrukturiertes Vorgehen, da direkt und ohne weitere Planung mit der Implementierung begonnen wird. (Vgl. Stein 2004)

2.3.1.2 Wasserfallmodell

Das Wasserfallmodel gliedert die Abläufe der Softwareentwicklung in mehrere Phasen auf, die stufenweise durchlaufen werden können. Dabei gehen die Ergebnisse einer Stufe in die nachfolgende über. Rückkopplungen sind hier maximal in die vorgelagerte Stufe vorgesehen. (Vgl. Hansen & Neumann, 2005, S. 246-284)

2.3.1.3 V-Modell

Das V-Modell ist eine Weiterentwicklung des Wasserfallmodells. Hier werden die Phasen V-förmig angeordnet und in verschiedene Tätigkeitsbereiche untergliedert. Dabei soll die horizontale Ebene die Zeitachse (von links nach rechts laufend) und die vertikale Ebene den Detaillierungsgrad (von oben nach unten zunehmend) angeben. (Vgl. Müller, 2002)

2.3.2 Agile Vorgehensmodelle

Agile Vorgehensmodelle ermöglichen die Rückkopplung des Softwareentwicklungs-prozesses in jede der vorhergehenden Phasen. Dabei wird diese Rückkopplung als Bestandteil der Softwareentwicklung angesehen.

2.3.2.1 Prototyping

Beim Prototyping werden verschiedene Bereiche der zu entwickelnden Software exemplarisch implementiert, ohne den vollen Funktionsumfang zu gewährleisten. Diese Prototypen erfüllen unterschiedliche Anforderungen, beispielsweise um das Design der Oberfläche darstellen zu können. Auch können nur bestimme Funktionen implementiert sein, beispielsweise um die Realisierbarkeit funktionaler Anforderungen zu bestimmen. So unterscheiden sich horizontale und vertikale Prototypen hinsichtlich der implementierten Funktionalität. Prototypen werden für Laborversuche, Demonstrationszwecke, Pilotsysteme etc. entwickelt. (Vgl. Müller, 2002)

2.3.2.2 Spiralmodell

Das Spiralmodel durchläuft verschiedene Zyklen der Softwareentwicklung mehrfach. Hierbei wird die Softwareentwicklung der aktuellen Phase durch die Ergebnisse der vorhergehenden Phase maßgeblich beeinflusst. Dabei werden zuerst die Anforderungen definiert, dann entsprechende Lösungsvarianten erarbeitet, diese implementiert und aus dieser Implementierung eine erneute Definition der Anforderungen geplant und initiiert. (Vgl. Hansen & Neumann 2005, S. 246-284)

2.3.2.3 Evolutionäres Prototyping

Evolutionäres Prototying beinhaltet die Entwicklung von Prototypen in Verbindung mit dem Spiralmodell. Dabei wird zunächst eine lauffähige Software erstellt und dem Auftraggeber zur Verfügung gestellt. Dieser erste Prototyp berücsichtigt noch kein Oberflächendesign und implementiert nur die Grundfunktionalität. In Rücksprache mit dem Auftraggeber wird dieser (lauffähige) Prototyp weiterentwickelt zu einem weiteren Prototyp. Dieser wird erneut dem Auftraggeber zur Verfügung gestellt und erneut in Rücksprache mit diesem weiterentwickelt. Dieser Prozess läuft in mehreren Iterationen ab. (Vgl. Fechter, 2007, S. 7)

2.3.2.4 Experimentelles Prototyping

Ein experimenteller Prototyp findet sich hauptsächlich im Bereich Forschung und Entwicklung. Hierbei handelt es sich um einen Prototypen, der dazu dient, neue Kenntnisse über einen bestimmten Sachverhalt zu erlangen. Dieser Prototyp ist nicht dazu gedacht, produktiv eingesetzt zu werden, da aufgrund seiner experimentellen Natur nicht davon ausgegangen werden kann, dass die zugrundeliegende Programmierung den Regeln einer sauberen Softwareentwicklung entspricht. Oftmals entstehen die Programmierschritte spontan und „aus der Situation" heraus. Dieser Prototyp ist jedoch sehr gut geeignet, um eine Grundlage zur weiteren Entwicklung zu geben, da viele Problemstellungen bereits durch die spontane Programmierung evaluiert sind und Lösungsansätze aufzeigen. Er kann somit als „Blue-Print" für eine Entwicklung angesehen werden. (Vgl. Kuhrmann, 2010; Wikipedia 2010)

2.4   Das Controlling-Gebiet

Im Rahmen dieser Arbeit soll als Controlling-Gebiet ein Softwareentwicklungsprojekt wie unter Kap. 1.2 beschrieben verstanden werden. Dabei beginnt die Erfassung der Kenngrößen nach dem Abschluss des Vertrages und endet mit dem Betriebsübergang. Alle Kenngrößen sollen hinsichtlich Ihrer Istgrößen (Ist) zur Projektsteuerung herangezogen werden können. Das Controlling-Gebiet umreißt damit klar die steuerungsrelevanten Kenngrößen innerhalb der Entwicklungsphase eines Softwareprojektes. Diese Definition soll gleichzeitig zur Abgrenzung herangezogen werden.

2.5 Ziele

Um ein Controlling durchführen zu können, müssen zuerst die zu erreichenden Ziele definiert werden. Für jedes Gebiet, das einem Controlling unterzogen werden soll, leiten sich die Ziele aus den Unternehmenszielen ab. Für ein Softwareprojekt können exemplarisch folgende Ziele angenommen werden:

- Budgeteinhaltung

- Zeiteinhaltung

- Kundenzufriedenheit sicherstellen

- Mitarbeiterzufriedenheit sicherstellen

- Strategische Ausrichtung des Projektes

- Know-how-Erweiterung

- ...

Eine genauere Definition wie im Kap.1.1.1 würde jedoch den hier gesetzten Rahmen überschreiten.

2.5.1 Kennzahlen

Kennzahlen erfassen Zustände zu einem bestimmten Zeitpunkt in quantitativer und konzentrierter Form. Sie dienen insbesondere der Erfassung von Ist-, Soll- und Plangrößen. Ohne Kennzahlen wäre eine Steuerung in Form von Controlling nicht möglich. Eine Auswahl der benötigten Kennzahlen erfolgt gemäß der Zielsetzung des Controlling-Gebietes.

2.5.1.1 Kennzahlenordnungssystem

Bei der Betrachtung von Kennzahlen fällt schnell auf, dass die Menge aller Kennzahlen annähernd unerschöpflich ist, selbst auf einen bestimmten betrieblichen Kontext ausgerichtet finden sich schnell einige hundert mögliche Kennzahlen. Erweitert man diese Perspektive auf die Menge aller möglichen Branchen, so steigt die Kennzahlenmenge noch deutlich an. Um diese Menge von Kennzahlen zu einer einzigen aggregieren zu können, muss ein Ordnungssystem eine hierarchische Abbildung dieser Menge von Kennzahlen ermöglichen und von einer einzigen Wurzel abgeleitet sein. Dabei soll ein Kennzahlensystem die Kennzahlen in sachlogische, nicht zwingend in mathematische Zusammenhänge stellen (Vgl. Wirtschaftslexikon24.net).

Ein gelungenes Ordnungssystem, das eine hierarchische Darstellung ermöglicht, ist der Kontorahmen der doppelten Buchhaltung, SKR03. In Anlehnung an dieses System soll auch hier ein Ordnungssystem erstellt werden. In Anhang C ist exemplarisch das hier vorgeschlagene System dargestellt. Die Diskussion der Zuordnung der Kennzahlen in diesem System erfordert umfangreichere Untersuchungen und würde den Rahmen dieser Arbeit überschreiten. Die vorgenommene Zuordnung dient daher nur der Erläuterung des Systems. Auch entbehrt das System jeder Vollständigkeit, da auch die Gliederung des Ordnungssystems einer genaueren Untersuchung bedarf.

Ein solches System sollte entsprechend einer Top-down-Vorgehensweise, d.h. von oben nach unten entwickelt werden. Dabei sollte ein zentraler Knotenpunkt angelegt werden, dieser ist im Anhang D durch die oberste Position „Kennzahlen-Ordnungssystem" dargestellt. Um die darunterliegenden Klassen einem bestimmten Bereich zuordnen zu können, wird eine Klassifizierung der einzelnen Bereiche in 12 Perspektiven oder Sichten vorgenommen:

Code	Bezeichnung
0	Finanzperspektive
1	Kundenperspektive
2	Prozessperspektive
3	Produktperspektive
4	Mitarbeiterperspektive
5	Lieferantenperspektive
6	Innovationsperspektive
7	Projektperspektive
8	Umweltperspektive
9	Geschäftsfeldperspektive
A	Stakeholderperspektive
B	Shareholderperspektive

Tab. 2.1: Tabelle Kennzahlenperspektiven

(Quelle: eigene Grafik)

In den Perspektiven mit der Codierung 0 bis 9 sollte jede Kennzahl eindeutig zugeordnet werden. Diese Zuordnung verhindert ein doppeltes Erfassen von Kennzahlen, da eine redundante Haltung von Kennzahlen zu unterschiedlicher Bewertung führen kann. Die Bereiche A und B enthalten hingegen keine eindeutig zuordnungsfähigen Kennzahlen. Hier finden sich nur Kennzahlen, die bereits in den Perspektiven 0 bis 9 enthalten sind. Durch dieses stringente Vorgehen wird sichergestellt, dass alle Kennzahlen einer entsprechenden Sicht sowie ggf. der Stakeholder- bzw. Shareholderperspektive zugeordnet sind. Dies lässt eine separate Auswertung der Stakeholder- und Shareholderperspektive zu, stellt aber gleichzeitig sicher, dass alle Unternehmenskennzahlen in einer Bewertung der Perspektiven 0 bis 9 enthalten sind.

Der Begriff Perspektiven bzw. Sichten dient somit der Klassifizierung der Kennzahlenklassen für eine bestimmte Sichtweise auf die Kennzahlen. Dabei wird sich auf die wichtigsten Bereiche von Unternehmen beschränkt.

Die Zuordnung der Klassen zu der jeweiligen Perspektive erfolgt in hierarchischer Rangfolge. Das Vorgehen ist top-down. Jede Kennzahlklasse hat somit einen Vorgänger, die obersten Klassenstrukturen haben als Vorgänger die Wurzel und werden

den einzelnen Sichten bzw. Perspektiven zugeordnet. Eine Klassifizierung kann dabei nach den folgenden Gesichtspunkten gegliedert werden:

Abb. 2.1: Kennzahlenklassen

(Quelle: eigene Grafik)

Jede Klasse kann als Zweig eines Kennzahlenbaumes betrachtet werden. Die Tiefe der Gliederung kann dabei beliebig variiert werden, jedoch sollte eine Klassifizierung bis zur „Subklassifikation 2" angestrebt werden. Auf diese Weise lässt sich eine Zuordnung der Kennzahlen zu einem Klassenzweig leichter nachvollziehen. Die Klassenzweige sollten innerhalb eines Vorgängerzweiges fortlaufend nummeriert werden.

Abb. 2.2: Nummerierung der Kennzahlenklassen

(Quelle: eigene Grafik)

Ein solches Vorgehen lässt eine nummerische Notation zu, die das Auffinden von Klassen innerhalb des Kennzahlenordnungssystems erleichtert. Eine Notation in der Schreibweise 1.1.2.4 zeigt eindeutig, welcher Zweig angesprochen wird.

Kennzahlen werden unterhalb der Klassen angeordnet. Sie können als Blätter im Klassenbaum betrachtet werden. Um eine Kennzahl unterhalb eines Klassenzweiges zu identifizieren, sollten diese durchnummeriert werden. Dabei sollte folgende Syntax eingehalten werden: beginnend bei der ersten Kennzahl mit einer Codierung 0001 und dann fortlaufend. Die vierstellige Syntax mit führenden Nullen ermöglicht eine Kennung der Kennzahl als solche bei der Notation 1.1.2.4.0001. Hier zeigen die ersten vier Elemente einen Klassenzweig an, die letzte Ziffer eindeutig eine Kennzahl. Zusätzlich empfiehlt sich die Trennung durch ein „/"-Zeichen: 1.1.2.4/0001. Aggregierte Kennzahlen finden sich in den oberen Zweigen der Hierarchie des Kennzahlensystems. Als grafische Notation empfiehlt sich eine achteckige Darstellung der Kennzahlen und eine rechteckige Darstellung der Klassen. Ein farbliches Absetzen erhöht dabei die Lesbarkeit.

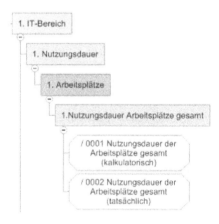

Abb. 2.3: Darstellung im Kennzahlenordnungssystem

(Quelle: eigene Grafik)

2.5.1.2 Kennzahlensteckbrief

Um Kennzahlen eindeutig zu beschreiben und jederzeit nachvollziehen zu können werden Steckbriefe eingesetzt (vgl. Gómez, Junker, Odebrecht 2009). Diese Steckbriefe können die Verantwortlichkeit in Form einer Rolle, Gültigkeitszeiträume, Wertekorridoren, Adressaten, Messverfahren, Berechnungswege etc. enthalten. Beispielhaft ist ein Kennzahlensteckbrief in der nachfolgenden Abbildung zu sehen. Zusätzlich zu diesen Angaben ist eine Angabe über eine Ordnungsnummer sinnvoll, da hieraus die Zugehörigkeit bei aggregierten Kennzahlen ersichtlich wird. Dazu sollte ein Kennzahlenordnungssystem wie das vorgeschlagene verwendet werden, dieses ermöglicht das „Herauslösen" und „Einfügen" von Kennzahlen in den betrieblichen Kennzahlenordnungsrahmen. Ein unvollständiger Vorschlag für ein solches System findet sich im Anhang C. Die vollständige Ausarbeitung dieses Kennzahlensystems liegt nicht im Rahmen der Untersuchung dieser Arbeit und soll daher nicht weiter vertieft werden. Eine Kennzahl sollte auch einer bestimmten betrieblichen Perspektive zugeordnet werden können, diese Zuordnung kann ebenfalls bereits durch das Kennzahlenordnungssystem erfolgen (siehe Anhang C). Zusätzlich sollte die betriebliche Perspektive im Kennzahlensteckbrief deutlich hervorgehoben werden.

Bezeichnung		Ordnungsnummer:		Persektive	
Wert		Ref.Wert		Sys.ID	
Beschreibung					
Adressat					
Leitsektor	Min:	Max:			
Ankündigungssektor	unten:	oben:			
Warnsektor	unten: <0,00	oben: >0,00			
Gewichtung					
Maßnahmen					
Eskalationsregel					
Verantwortlicher					
Datenermittlung		Datenaufbereitung		Präsentation	
Datenquellen		Berechnungsweg		Darstellung	
Messverfahren		Verantwortlicher		Aggregationsstufe	
Verantwortlicher				Archivierung	
				Verantwortlicher	
Verschiedenes					

Abb. 2.4: Kennzahlsteckbrief

(Quelle: eigene Grafik)

In dieser Arbeit erfolgt eine exemplarische Erstellung der Kennzahlensteckbriefe unter Zuhilfenahme eines Tabellenkalkulationsprogrammes. Empfehlenswert ist die praktische Umsetzung im größeren Umfang jedoch durch die Realisierung in einer Datenbankapplikation, da so Datenredundanz vermieden werden kann und die Daten als Metadaten abgelegt werden können. Die Erstellung einer derartigen Datenbankapplikation soll hier nicht vertieft werden, um die thematische Orientierung der vorliegenden Arbeit nicht aus dem Auge zu verlieren, da eine solche Erstellung den direkten thematischen Bezug schuldig bliebe. Jedoch wird eine Prototypenumsetzung im Rahmen eines praktischen Beispiels erfolgen. (Vgl. hierzu Kap.3.)

2.5.1.3 Kennzahlen

Um ein Verständnis der Komplexität einer Projektbeurteilung zu erlangen, sollen nachfolgend einige Kennzahlen dargestellt werden, die in einer Projektbewertung eine Rolle spielen können.

2.5.1.3.1 Projektkennzahlen

Beispielhaft sollen hier folgende Projektkennzahlen genannt werden:

- Budget

- Ausschöpfung

- Reichweite

- Ressourcen

- Anzahl der Mitarbeiter

- Auslastungsgrad

- Verfügbarkeit (Urlaub/Krankheit)

- Termine

- Bisherige Projektdauer

- Noch erforderliche Projektdauer

- Meilensteintermine

- Risiko-Management

- Anzahl der Risiken

- Noch offene Risiken

- Fertigstellungsgrad

- Fachlicher Fertigstellungsgrad

- Kostenmäßiger Fertigstellungsgrad

- Zeitlicher Fertigstellungsgrad

2.5.1.3.2 IT-Projekt-Kennzahlen

Für IT-Projekte kommen folgende Kennzahlen beispielhaft hinzu:

- Informationsbeschaffung

- Nachrichten und Informationskennzahlen

- Internetzugriffe

2.5.1.3.3 Miet- und Leasing-Kosten

Die zur Leistungserstellung benötigten Räumlichkeiten werden in dieser Kennzahl erfasst. Dabei können die Kosten für eigene Räumlichkeiten des Unternehmens oder für gemietete bzw. gepachtete Räumlichkeiten anfallen. Auch für die Miete von Hard- und Software können Mietkosten auftreten. Die Mietkosten können als aggregierte Kennzahl gehandhabt werden. Es erfolgt eine Klassifikation der Kosten in die Klassen „Grundstücke", „Gebäude", „Hardware" und „Software". Gemäß dem Kennzahlenordnungssystem entsteht die Kennzahl „Miete" aus den Kennzahlen einer tieferen Gliederungshierarchie. Diese sind bereits hinsichtlich Erfassungsintervall und Erfassungszeitraum „normalisiert", d. h. auf ein gemeinsam nutzbares Intervall gebracht, was ggf. in einer tieferen Gliederungshierarchie erfolgt.

Abb. 2.5: Kennzahl „Miete"

(Quelle: eigene Grafik)

Dies gilt analog für die Kennzahl „Leasing". Die Kennzahlen „Leasing" und „Miete" werden weiter zu der Kennzahl „Miete/Leasing/Pacht" aggregiert. Die Erfassung erfolgt button-up. Hier zeigt sich der Vorteil eines Kennzahlenordnungssystems auch in Hinblick auf die Nachvollziehbarkeit von Kennzahlen.

Abb. 2.6: Kennzahl „Miete/Leasing/Pacht"

(Quelle: eigene Grafik)

2.5.1.3.4 Stromkosten

Die Stromkosten können auf verschiedene Art erfasst werden. Die genaueste Erfassung dieser Kenngröße erfolgt über separate Stromzähler, die den Verbrauch an den jeweiligen Verbrauchsorten erfassen. Allerdings ist die Anbringung von Stromzählern an jeden Computer aufwendig, teuer und nur sehr schwer zu realisieren (beispielsweise müssten mobile Computer immer an den gleichen Zähler angeschlossen werden). Eine weitere Möglichkeit ist das Messen der Stromaufnahme pro Stunde und berechnet auf die jeweilige Arbeitszeit. Diese Möglichkeit ist sehr aufwendig, es muss für jeden Verbraucher die jeweilige Stromaufnahme und die jeweilige Laufzeit erfasst werden. Praktischer ist da eine grobe Schätzung des Stromverbrauchs der jeweiligen Verbraucher. Auch die abteilungsweite Erfassung des Stromverbrauchs ist möglich. Gebäudeteile können mit eigenen Stromzählern ausgerüstet werden um die Erfassung zu ermöglichen. Oftmals erfolgt eine Einteilung der Stromkosten gemäß einer Top-down Methode. Es werden die gesamten Kosten für den Stromverbrauch des Unternehmens erfasst und prozentual auf die jeweiligen Bereiche heruntergebrochen. Dieses Vorgehen ist zwar sehr ungenau, steht aber in einem guten Verhältnis zu dem benötigten

Aufwand. Sind die Kosten je Schreibtischleuchte gering, sollten diese auch mit äußerst geringen Aufwand zu erfassen sein. Genau dies ermöglicht die Top-down-Methode. Auch eine Kombination von Bereichsstromzählern und Top-down-Methode kann zur Anwendung kommen. Die Erfassung der Kennzahlen erfolgt im Kennzahlensystem demgemäß von einer höheren Ordnung in eine tiefere.

Abb. 2.7: Kennzahl „Stromkosten"

(Quelle: eigene Grafik)

2.5.1.4 Kennzahlentypen

Kennzahlen lassen sich in zwei Arten unterscheiden: Grundkennzahlen und Verhältniszahlen. Diese Arten lassen sich weiter in Untergruppen wie Bestands-, Strömungs- bzw. Bewegungsgrößen unterteilen.

Grundkennzahlen können absolute Kennzahlen, mengen- oder größenorientiert darstellen. So können hier beispielsweise der Kassenstand (Einzelwert), die Summe des Anlagevermögens (Summenwert), der durchschnittliche Forderungsbestand (Mittelwerte) oder der Gewinn (Differenzwerte) absolute Kennzahlen sein.

Verhältniszahlen können Sachverhalte in einer Beziehung darstellen, beispielsweise das Umsatz-/Gewinnverhältnis. Aus diesen Beziehungen resultieren relative Zahlen.

2.5.1.5 Kennzahlensysteme

Kennzahlensysteme setzen verschiedene Kennzahlen, die sich gegenseitig beeinflussen oder ergänzen können, in einen mathematischen Zusammenhang zu anderen Kennzahlen, so dass aus verschiedenen Kennzahlen eine neue Kennzahl entsteht, die eine Änderung der zugrunde liegenden Kennzahlen darstellt. Dabei sollten diese Kennzahlen in einem sinnvollen Zusammenhang stehen.

2.5.1.6 Kenngrößen vs. Kennzahlen

Kennzahlen stellen Sachverhalte unterschiedlicher Natur dar. So kann eine Kennzahl „Gewinn" die Größenordnung 1.000.000 Euro darstellen, eine Kennzahl „Rendite" die Größenordnung 13%. Dieses Framework zielt jedoch darauf ab, Kennzahlen jedweder Größenordnung und Notation einheitlich als dreiwertige Logik darzustellen. Um dies zu erreichen, wird die absolute oder relative Kennzahl als Verhältniszahl abgebildet. Dabei wird von der tatsächlichen Wertdarstellung und Notation abstrahiert. Da hinter dieser Verhältniszahl eine beliebige Kennzahl stehen kann, sollen diese Verhältniszahlen, zur besseren Unterscheidung zu den Kennzahlen, nachfolgend als Kenngröße bezeichnet werden.

2.6 Bewertungsschema des Projektes

Ein Bewertungsschema für ein Projekt soll die zugrunde liegenden Kennzahlen zu einer einzigen Kenngröße zusammenführen. Hierbei handelt es sich nicht zwingend um ein Zusammenführen von Kennzahlen in sach-logischem Zusammenhang, wie es in einem Kennzahlensystem der Fall ist, sondern um eine Zusammenfassung zu einer mehrwertigen logischen Aussage. Diese Aussage soll lediglich widerspiegeln, ob das Projekt als „okay", „kritisch" oder „nicht realisierbar" einzustufen ist. Erst die Disaggregation der Kenngrößen auf die einzelnen Kennzahlen erlaubt eine Analyse dieser Aussagelogik.

2.7 Kennzahlengewichtung und Sektorenbegrenzung

Jede Kenngröße besitzt zur Entscheidungsfindung unterschiedliche Gewichtung. So kann bei einem Softwareentwicklungsprojekt die Kenngröße Kundenzufriedenheit deutlich wichtiger sein als das Einhalten von Budgetgrenzen. Fällt die Kundenzufriedenheit unter einen gewissen Schwellenwert, so muss diese Kennzahl die Bewertung eines Projektes bereits derart beeinflussen können, dass dieses Projekt in einem stärkeren Maße in Bezug auf die Kundenzufriedenheit korrigiert wird. Auch sollte bei starker „Schräglage" einer weiteren Kennzahl dieses Projekt als nicht realisierbar eingestuft werden können. Fällt die Kennzahl Kundenzufriedenheit unter einem weiteren Schwellenwert, so benötigt diese Kennzahl ein „Vetorecht", um dieses Projekt ebenfalls als nicht realisierbar einzustufen, ohne die Berücksichtigung weiterer Kennzahlen zu erwarten.

Um dieses zu gewährleisten, müssen für eine Kennzahl (I) drei Sektoren definiert werden: ein „Leitsektor" (α), innerhalb dessen der akzeptierbare Wert der Kennzahl liegen muss, ein „Ankündigungssektor" (β), innerhalb dessen die Kennzahl besondere Aufmerksamkeit zu widmen ist, sowie ein „Warnsektor" (γ), der eine sofortige Reaktion erforderlich macht.

Die Sektoren β und γ finden sich ober- sowie unterhalb des Leitsektors α, da ein Unter-, aber auch ein Überschreiten des Leitsektors beachtet werden muss. So kann eine Kenngröße, die quantitativ zwischen 0 und 20 variiert, einen Leitsektor zwischen 10 und 11 besitzen, eine Abweichung nach oben kann sich dabei ebenso negativ auf das Projekt auswirken wie eine Abweichung nach unten. Es existieren somit oberhalb von 11 und unterhalb von 10 jeweils ein Ankündigungs- und Warnsektor.

Jeder dieser Sektoren weist dabei eine für die Kennzahl spezifische „Sektorenbreite" auf. Diese Sektorenbreite wird ermittelt als Differenz zwischen dem unteren und dem oberen Wert des jeweiligen Sektors. Die Sektorenbreite für den Warnsektor kann als „nach oben offen" gesehen werden, da das Abgrenzen des Warnsektors nach oben – respektive unten, für den unteren Warnsektor – wenig sinnvoll erscheint, zumal bereits der Eintritt in diesen Sektor zwingend eine Reaktion seitens des verantwortlichen Rollenträgers voraussetzt. Auch wird die Sinnhaftigkeit einer oberen Grenze dadurch fragwürdig, dass beim Überschreiten einer solchen Grenze das Projekt mit hoher

Wahrscheinlichkeit bereits als gescheitert angesehen werden kann, eine Reaktion des verantwortlichen Rollenträgers somit im Vorwege erfolgen muss.

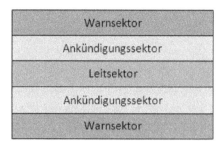

Abb. 2.8: Kennzahlensektoren

(Quelle: eigene Grafik)

Beide Abweichungen müssen entsprechend gekennzeichnet sein, der obere Sektor mit o und der untere mit u. Für jede Kennzahl müssen entsprechende Werte festgelegt sein. Dabei kann die untere Grenze des Leitsektors als obere Grenze des unteren Ankündigungssektors und die untere Grenze dieses Ankündigungssektors als Eintrittsgrenze in den Warnsektor gelten. Dies gilt analog für die oberen Sektoren.

Die Gewichtung einer Kennzahl wird dadurch ermittelt, dass der Anwender für jede Kennzahl I^n seine subjektive Gewichtung (ψ) als Faktor zwischen 0 und 1 hinterlegt. Somit lässt sich für jede Kennzahl die Aussage treffen: „Diese Kennzahl ist mir zu 100% wichtig". Anschließend muss sich diese Kennzahl als Kenngröße mit ihrer Gewichtung innerhalb des Bewertungsschemas in die Gesamtgewichtung (θ) einpassen. Dazu muss bekannt sein, wie viele Kenngrößen (m) mit der jeweiligen Gewichtung in das projektabhängige Bewertungsschema einfließen. Anschließend erfolgt die Ermittlung der Gesamtgewichtung durch das Aufsummieren der einzelnen Gewichtungen:

$$I_\theta = \sum_{i=m}^{i=1} I_\psi^i$$

Formel 2.1: Ermittlung der Gesamtgewichtung

Nach der Ermittlung der Gesamtgewichtung erfolgt die Ermittlung der Gewichtung für die jeweilige Kenngröße innerhalb des Bewertungsschemas:

$$I_\theta^n = \frac{I_\omega^n}{\sum_{i=m}^{i=1} I_\psi^i}$$

Formel 2.2: Ermittlung der Kenngrößengewichtung

Die auf diese Weise erfolgte Ermittlung der Kenngrößengewichtung stellt gleichzeitig sicher, dass keine Kenngröße eine Gewichtung erhält, die das Bewertungsschema im Übermaß beeinflusst. Jedoch muss die subjektive Gewichtung der Kenngrößen äußerst sorgfältig gewählt werden. Eine Aussage wie „Diese Kenngröße ist mir zu 100% wichtig und alle anderen nur mit 1%" machen jede Bemühung eines ernsthaften Controllings von Projekten zunichte. Wenn jetzt eine Kenngröße den Leitsektor verlässt, so muss die Gesamtgewichtung dieser Kenngröße gegenüber den anderen Kenngrößen angehoben werden, um die Bedeutung dieser Kenngröße für das Projekt hervorzuheben.

2.7.1 Anpassen der Bedeutung der Kenngröße

Zum Anpassen der Bedeutung bieten sich zwei Möglichkeiten an, die sich insbesondere durch ihre Vorgehensweise, aber auch deutlich hinsichtlich des entstehenden Ergebnisses unterscheiden. Die erste Möglichkeit ändert die Bedeutung einer Kenngröße derart, dass sich die Gewichtung dieser innerhalb des Bewertungsschemas anpasst. Die zweite Möglichkeit ignoriert die Kenngrößen, die sich im Leit- bzw. Ankündigungssektor, befinden und setzt den Status des Projektes gemäß dem Wert der Kenngrößen innerhalb des Ankündigungssektors. Im Warnsektor erhält eine Kenngröße automatisch den Wert 2,5, der das Projekt als „im Warnsektor befindlich" klassifiziert.

2.7.1.1 Anpassen der Gewichtung

Um die Gewichtung einer Kenngröße innerhalb des Bewertungsschemas anzupassen, muss eine Kenngröße hinsichtlich des zeitlichen Wertes (ω) – somit hinsichtlich der relativen Position innerhalb des jeweiligen Sektor – und der Gewichtung bekannt sein. Ferner müssen für die jeweiligen Sektoren „Vetogewichtungen" (ρ) bekannt sein und für jede andere Kenngröße die entsprechende Einzelgewichtung.

Um die Vetogewichtung einer Kenngröße zu ermitteln, muss der reale Wert (ω) einer Kennzahl zu dem Zeitpunkt t mit den jeweiligen Sektorenbreitenwerten abgeglichen und die Bewertung angepasst werden. Für den Ankündigungssektors (β_ρ) und den Warnsektor (γ_ρ) ist zuerst die angepasste Gewichtung der Kenngröße I^{n-veto}, die zur Veto-Überprüfung vorliegt, zu ermitteln:

$$I_{\theta\,angepasst}^{n-veto}$$

$$= \begin{cases} \beta_\rho\ falls\ (I_\omega^{n-veto} > \beta_o\ \wedge\ I_\omega^{n-veto} < \gamma_o) \vee (I_\omega^{n-veto} < \beta_u\ \wedge\ I_\omega^{n-veto} > \gamma_u) \\ \gamma_\rho\ falls\ (I_\omega^{n-veto} > \gamma_o) \vee (I_\omega^{n-veto} < \gamma_u) \\ I_\theta^{n-veto}\ sonst \end{cases}$$

Formel 2.3: Ermittlung der Veto-Gewichtung

Anschließend ist diese von dem Maximalfaktor der Gesamtgewichtung zu subtrahieren und die Restgesamtgewichtung zu ermitteln:

$$I_{\theta\,Rest} = I_\theta - I_{\theta\,angepasst}^{n-Veto}$$

Formel 2.4: Ermittlung Restgewichtung

Im nächsten Schritt muss eine erneute Ermittlung der Gewichtung der restlichen Kenngrößen erfolgen, die sich jetzt jedoch nur noch über den Faktor der Restgesamtgewichtung erstreckt:

$$I_\theta^n = \frac{I_\omega^n * I_{\theta\,Rest}}{\sum_{i=m-n\,veto}^{i=1} I_\omega^i * I_{\theta\,Rest}}$$

Formel 2.5: Ermittlung der neuen Gewichtung

Für die Kenngröße I^{n-veto} gilt: $I_\theta^n = I_{\theta\,angepasst}^{n-veto}$.

Beispiel:

In diesem Beispiel sind 15 gleichmäßig gewichtete Kenngrößen grafisch dargestellt. Die erste Darstellung der Kenngrößen zeigt diesen Sachverhalt:

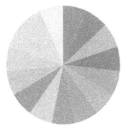

Abb. 2.9: 15 Kenngrößen mit gleicher Gewichtung

(Quelle: eigene Grafik)

In der zweiten Grafik sind die gleichen Kenngrößen dargestellt, wobei eine Kenngröße deutlich, mit 75 % der Gewichtung, die anderen dominiert. Diese Kenngröße befindet sich außerhalb des Leitsektors, die Vetogewichtung des Sektors, in dem sich diese Kenngröße befindet, hat hier ein Veto-Gewicht von 75 %. Die Gewichtsverteilung der restlichen Kenngrößen zueinander bleibt unverändert.

Abb. 2.10: 15 Kenngrößen, Veto einer Kenngröße nach 75% Gewichtsverteilung

(Quelle: eigene Grafik)

Die dritte Grafik zeigt die Dominanz einer zweiten Kenngröße, die nach der ersten Kenngröße den Leitsektor verlassen hat. Sie befindet sich in demselben Sektor wie die erste Kenngröße. Hier wird offensichtlich, dass das Verlassen des Leitsektors zweier Kenngrößen die Gesamtaussage über das Projekt maßgeblich beeinflusst. Beide Kenngrößen zeigen deutlich eine kritische Veränderung der Situation auf. Die restlichen 13 Kenngrößen bleiben in Ihrer Gewichtungsverteilung zueinander gleich.

Abb. 2.11: 15 Kenngrößen, Veto einer zweiten Kenngröße

(Quelle: eigene Grafik)

Dabei zeigt sich jedoch die Problematik, dass eine Kennzahl durchaus den Leitsektor verlassen haben kann und eine abhängige Kennzahl dadurch ebenfalls in den Ankündigungssektor übergeht. Damit beeinflussen zwei Kennzahlen die Bewertung des Projektes.

Hierzu ein Beispiel:

- Aggregierte Kennzahl: „Kosten für Hard-/Software".

- Disaggregation in: „Kosten für Hardware", „Kosten für Software".

- Die Kennzahl „Kosten für Hardware" verlässt den Leitsektor.

- Die Kennzahl „Kosten für Software" ist kurz vor dem Verlassen des Leitsektors.

Jetzt kann es passieren, dass die Kennzahl „Kosten für Hard-/Software" ebenfalls den Leitsektor verlässt. Somit können die beiden Kennzahlen „Kosten für Hard-/Software" und „Kosten für Hardware" eine Vetogewichtung erreichen. Da jedoch in diesem Fall die Kennzahl „Kosten für Hardware" den Werttreiber für die Kennzahl „Kosten für Hard-/Software" darstellt, ist die Gesamtbewertung des Projektes falsch. Diesem Umstand der Interdependenz von Kennzahlen muss bei der Erstellung des

Kennzahlenordnungssystems und der Zuordnung der Kennzahlen zu den einzelnen Projekten Rechnung getragen werden.

2.7.1.2 Veto ohne Gewichtsanpassung

Das Kenngrößen-Veto per Gewichtsanpassung bringt einige Probleme mit sich:

Die Berechnung der Veto-Anpassung muss iterativ erfolgen. Insbesondere bei größeren Kenngrößenportfolios geht dies zu Lasten der Performance in der sofwaretechnischen Umsetzung.

Die Berücksichtigung von Interdependenzen muss innerhalb eines Kennzahlenordnungssystems erfolgen und kann zu komplexen Validierungsprozessen führen.

Die nachfolgend dargestellte Möglichkeit der Veto-Vergabe an eine bestimmte Kenngröße versucht die bekannten Schwierigkeiten der ersten Methode zu umgehen. Dabei wird zugunsten einer Vereinfachung und besseren Performanz auf die Genauigkeit der Berechnung der Veto-Vergabe verzichtet.

Diese Möglichkeit der Veto-Vergabe einer Kenngröße erfolgt durch Ausschluss der Kenngrößen unterhalb des Sektors der aktuell berechneten Kenngröße. Hier wird zuerst die Kenngröße ermittelt, die sich am weitesten außerhalb des Leitsektors befindet. Im Anschluss wird ermittelt, innerhalb welchen Sektors sich der Wert dieser Kenngröße befindet, und die Klassifizierung des Projektes erfolgt anhand des gefundenen Sektors. Dieses Vorgehen ermöglicht eine bessere Performanz als das Anpassen der jeweiligen Gewichtung, dabei wird bewusst eine gewisse Ungenauigkeit zugunsten der Performanz akzeptiert. Auch die Berücksichtigung der Interdependenzen innerhalb des Kennzahlenordnungssystems findet durch den Ausschluss der Kennzahlen unterhalb des aktuellen Sektors Beachtung, da die Berechnung sich ausschließlich auf den höchsten Sektor konzentriert, die Klassifikation des Projektes somit nicht auf der Häufigkeit der Veto-Vergabe, sondern auf dem jeweiligen Sektor beruht.

2.8 Relativierung von Kennzahlen anhand des jeweiligen Sektors

Um alle Kenngrößen aggregieren zu können, müssen diese als relative Kenngrößen erfasst sein. Dazu muss eine Kenngröße entsprechend der Sektoren in Relation zu ihrem Leitsektor gebracht werden. Um dies zu erreichen, müssen vier Fälle unterschieden werden:

- Kennzahl mit unterem und oberem Ankündigungssektor,

- Kennzahl nur mit oberen Ankündigungssektor,

- Kennzahl nur mit unteren Ankündigungssektor und

- Kennzahl ohne oberen und unteren Ankündigungssektor.

2.8.1 Kennzahlen mit unterem und oberem Ankündigungssektor

Im komplexesten Fall besitzt eine Kenngröße einen unteren und einen oberen Ankündigungssektor. In diesem Fall müssen beide Ankündigungssektoren Beachtung finden. Dazu muss zuerst die Weite (λ) des Leitsektors (α) bestimmt werden:

$$\lambda_\alpha = \beta_o - \beta_u$$

Formel 2.6: Bestimmung der Weite des Leitsektors

Nach der Bestimmung der Weite des Leitsektors muss die Distanz (τ_u) des aktuellen Wertes (ω) der Kennzahl zum unteren Bereich des Leitsektors bestimmt werden:

$$\tau_u = \omega - \alpha_u$$

Formel 2.7: Bestimmung der Distanz zum unteren Ankündigungssektor

Anhand der Distanz der Kennzahl zum unteren Ankündigungssektor kann jetzt bereits eine erste Bestimmung der relativen Lage innerhalb aller Sektoren erfolgen:

Ist die Distanz positiv, so befindet sich die Kennzahl oberhalb des unteren Leitsektors ($\tau_u > \alpha_u$).

Ist die Distanz negativ, befindet sich die Kennzahl unterhalb des unteren Leitsektors ($\tau_u < \alpha_u$).

Bei positiver Bestimmung der Distanz kann eine weitere Positionsbestimmung erfolgen:

Ist die Distanz größer als die ermittelte Weite, befindet sich die Kennzahl oberhalb des Leitsektors ($\tau_u > \lambda_a$).

Ist die Distanz kleiner als die ermittelte Weite, befindet sich die Kennzahl innerhalb des Leitsektors ($\tau_u < \lambda_a$).

2.8.1.1 Die relative Position innerhalb des Leitsektors

Befindet sich die Kenngröße innerhalb des Leitsektors, kann jetzt eine Bestimmung der relativen Position innerhalb des Leitsektors erfolgen:

$$r = \frac{\tau_u}{\frac{\lambda_a}{2}}$$

Formel 2.8: Bestimmung der relativen Position innerhalb des Leitsektors

Aufgrund der Forderung $\tau_u < \lambda_a$ und $\tau_u > \alpha_u$ ergibt sich, dass der Wert τ_u zwischen der Untergrenze und der Obergrenze des Leitsektors liegt. Das Dividieren des Wertes der Distanz zum unteren Leitsektor τ_u durch die halbierte Weite des Leitsektors $\frac{\lambda_a}{2}$ ermöglicht eine Bestimmung der relativen Position innerhalb des Leitsektors mit einem Faktor innerhalb der Wertespanne -1 und +1, womit sich der Wert null als „Ideallinie" für die jeweilige Kennzahl ergibt. Für die weitere Aggregation dieser Kennzahl innerhalb eines Kennzahlenbaumes ist dieser Umstand wichtig, um auch Kenngrößen unterschiedlicher Quantität und Qualität gemeinsam erfassen zu können. Auch lässt sich hier bereits eine Klassifizierung anhand einer ersten Ampeldarstellung erzeugen. Liegt ein Wert einer beliebigen Kenngröße zwischen -1 und +1, lässt er sich durch die Farbe Grün als im Leitsektor befindlich klassifizieren. In Folge lässt sich eine Dreiwertlogik mit 1 darstellen.

Bei der Nutzung der Anpassung der Vetogewichtung muss die Halbierung der Weite des Leitsektors entfallen, um eine Aggregation zu ermöglichen. Hier gelten die gemachten Aussagen für die Spanne 0 bis 1.

2.8.1.2 Die relative Position innerhalb des oberen Ankündigungssektors

Überschreitet eine Kenngröße bereits die Forderung $\tau_u < \lambda_a$, so liegt ihr Wert oberhalb des Leitsektors ($\tau_u > \lambda_a$). Jetzt muss die genaue Position der Kenngröße innerhalb der beiden oberen Sektoren bestimmt werden. Um diese Bestimmung zu ermöglichen, muss zuerst geprüft werden, ob die Kenngröße innerhalb des oberen Ankündigungssektors und unterhalb des Warnsektors liegt. Dazu muss zuerst die Weite des oberen Ankündigungssektors bestimmt werden:

$$\lambda_{\beta_o} = \gamma_o - \beta_o$$

Formel 2.9: Bestimmung der Weite des oberen Ankündigungssektors

Analog zu dem Vorgehen der Bestimmung der relativen Position innerhalb des Leitsektors wird die Distanz benötigt, diesmal die zur oberen Grenze des Leitsektors:

$$\tau_{\beta_o} = \omega - \alpha_o - \lambda_a$$

Formel 2.10: Bestimmung der Distanz zum Leitsektor

Auch hier lassen sich bereits wieder Aussagen über die Positionierung der Kennzahl innerhalb der beiden oberen Sektoren treffen:

Befindet sich die Distanz unterhalb der Weite des Ankündigungssektors λ_{β_o}, handelt es sich um eine Kenngröße innerhalb des Ankündigungssektors ($\tau_{\beta_o} < \lambda_{\beta_o}$).

Befindet sich die Distanz außerhalb der Weite des Ankündigungssektors, befindet sich die Kenngröße im Warnsektor ($\tau_{\beta_o} > \lambda_{\beta_o}$).

Die Distanz τ_{β_o} kann an dieser Stelle nicht kleiner als 0 sein, da dies bereits durch die Bestimmung der relativen Position innerhalb des Leitsektors ausgeschlossen ist ($\tau_u > \lambda_a$). Für die exakte Positionsbestimmung der Kenngröße innerhalb des Ankündigungssektors muss wieder auf die Weite des Sektors zurückgegriffen werden:

$$r = \frac{\tau_{\beta_o}}{\lambda_{\beta_o}}$$

Formel 2.11: Bestimmung der relativen Position innerhalb des oberen
Ankündigungssektors

Auch dieser Wert kann sich lediglich im Wertebereich 0 bis 1 bewegen. Um jetzt eine Klassifizierung gegenüber dem Leitsektor vornehmen zu können, muss sich der

Ankündigungssektor oberhalb des Wertes des Leitsektors bewegen. Da der Leitsektor bei der Bestimmung der relativen Position innerhalb des oberen Ankündigungssektors bereits überschritten ist, kann diese Klassifizierung durch das Aufaddieren des Höchstwertes des Leitsektors erfolgen:

$$Position = r + 1$$

Formel 2.12: Klassifizierung des Ankündigungssektors

In der Ampeldarstellung erfolgt jetzt für die Werte über 1 die Vergabe der Farbe Gelb, was für eine Dreiwertlogik einen Wert von 2 bedeutet.

2.8.1.3 Bestimmung der relativen Position innerhalb des oberen Warnsektors

Die Bestimmung der relativen Position innerhalb des oberen Warnsektors kann entfallen. Da der Ankündigungssektor zur Klassifizierung einen Wertebereich zwischen 1 und 2 abdeckt, können Werte über 2 als „im Warnsektor befindlich" klassifiziert werden. Auch die Bestimmung der relativen Position innerhalb eines nach oben offenen Sektors erfordert einen mathematischen Aufwand, der jedoch keine weitere Aussagekraft besitzt. Eine Kenngröße kann sich „im Warnsektor" oder „deutlich im Warnsektor" befinden. Befindet sich eine Kennzahl durch die Forderung $\tau_{\beta_o} < \lambda_{\beta_o}$ außerhalb des Ankündigungssektors (was $\tau_{\beta_o} > \lambda_{\beta_o}$ gleichkommt) und somit innerhalb des Warnsektors, kann dies durch eine Wertzuweisung größer zwei kenntlich gemacht werden.

Die zu vergebene Farbzuweisung innerhalb einer Ampeldarstellung für Werte über 2 ist Rot, innerhalb einer Dreiwertlogik erhält diese die Zuweisung 3. Die Einordnung zu dem Wert 3 erhält bei der nachfolgenden Aggregation eine Bedeutung, da hiervon die Aggregation abgeleitet werden kann. Möglich ist auch die Zuweisung eines Wertes größer 2 und kleiner 3. Jedoch darauf zu achten, dass derselbe Wert für Kennzahlen innerhalb des Warnsektors vergeben wird.

2.8.1.4 Die relative Position innerhalb des unteren Ankündigungssektors

Bei der Ermittlung der relativen Position innerhalb des Leitsektors wurde die Distanz als $\tau_u < 0$ ermittelt. Durch diese Aussage befindet sich der ermittelte Wert unterhalb des Leitsektors. Zuerst muss erneut die Bestimmung der Weite des Ankündigungssektors erfolgen:

$$\lambda_{\beta_u} = |\beta_u| - |\gamma_u|$$

Formel 2.13: Bestimmung der Weite des unteren Ankündigungssektors

Die Distanz der Kenngröße zum Leitsektor ergibt sich bereits aus der Berechnung von τ_u. Während Null die Grenze zwischen Leitsektor und unteren Ankündigungssektor bezeichnet, stellt jeder Wert kleiner als Null somit die Distanz zur Untergrenze des Leitsektors dar, zur weiteren Verwendung muss dieser Wert absolut gesetzt sein:

$$\tau_{\beta_u} = |\tau_u|$$

Formel 2.14: Bestimmung der Distanz zum Leitsektor

Auch hier lässt sich eine erste Klassifizierung der Kenngröße, wie bereits im unter 0 vornehmen. Überschreitet τ_{β_u} den Wert von λ_{β_u}, ist analog zu dem Vorgehen unter 2.8.1.3 zu verfahren.

Innerhalb des unteren Leitsektors erfolgt die Bestimmung der relativen Position:

$$r = \frac{\tau_{\beta_u}}{\lambda_{\beta_u}}$$

Formel 2.15: Bestimmung der relativen Position innerhalb des oberen Ankündigungssektors

Auch hier erfolgt, analog zu 0, eine Addition des oberen Faktors des Leitsektors, so dass sich die Position der Kenngröße innerhalb der Werte 1 und 2 bewegt. Die Farbe der Ampeldarstellung ist Gelb, für die Dreiwertlogik ist der Wert 2 zu vergeben.

2.8.1.5 Kennzahlen ohne Warnsektoren

Sind bei der Erstellung der Kennzahlensteckbriefe keine Warnsektoren angegeben, sind die Ankündigungssektoren nach oben offen. Hier kann eine Klassifizierung analog zu 2.8.1.3 erfolgen. Es wird dann für das Überschreiten der Grenzwerte des Leitsektors eine 2 vergeben.

2.8.2 Kennzahlen nur mit oberem Ankündigungssektor

Hier erfolgt keine Bestimmung der Position innerhalb des Leitsektors, da eine untere Grenze des Leitsektors fehlt. Es wird für die Positionierung innerhalb des Leitsektors der Wert 0,5 vergeben. Eine Unterschreitung des Leitsektors ist nicht möglich. Für die Bestimmung der Position innerhalb des Leitsektors ist dann wie unter 0 beschrieben vorzugehen.

2.8.3 Kenngrößen nur mit unterem Ankündigungssektor

Hier ist analog zu 2.8.2 vorzugehen. Jedoch ist eine Überschreitung des Leitsektors nach oben hin nicht möglich, so dass die Positionierung innerhalb des Leitsektors ebenfalls mit 0,5 zu bewerten ist.

2.8.4 Kenngrößen ohne Ankündigungssektoren

Kenngrößen ohne Ankündigungssektoren sind immer mit dem Wert 0,5 zu klassifizieren.

2.9 Aggregation der Kennzahlen

Die Aggregation der Kennzahlen erfolgt anschließend entlang des Kennzahlenordnungssystems button-up. Zuerst werden Kennzahlen, wie in den vorherigen Abschnitten beschrieben, innerhalb der gleichen Klassen gemäß der Bewertungen zu einer Kenngröße zusammengeführt, die dann in die übergeordnete Klasse „weitergereicht" wird. Die Kenngröße fließt dann in die Berechnung der Klasse als Kennzahl mit ein. Die Berechnung dieser Klasse kann dann wieder, wie in den vorherigen Kapiteln beschrieben, durch Veto-Gewichtung oder durch Vetos ohne

Gewichtungsanpassung erfolgen. Erfolgt das Berechnen dieser Klasse durch Anpassung der Veto-Gewichtung, erhält die Kennzahl wieder erhöhte Bedeutung, sofern sie sich außerhalb der jeweiligen Sektorenweiten bewegt, die jetzt durch die Dreiwertlogik vorgegeben werden. Die Kenngröße dieser Klasse kann dann wieder zur Berechnung der jeweils höheren Klasse als Kennzahl genutzt werden. Dabei ist dieser Vorgang so lange zu wiederholen, bis das Ergebnis der Wurzel bekannt ist.

In der exemplarischen Umsetzung des Frameworks wird für jede Klasse zur Berechnung eine Systemkennzahl vergeben.

3   Anwendung am praktischen Beispiel der Lufthansa Systems

Bei dem Unternehmen Lufthansa Systems werden mehrere Großprojekte abgewickelt. Dabei gilt es, verschiedene Aspekte des jeweiligen Projektes gleichzeitig zu steuern, dazu gehören:

- Kosten,

- Zeiten,

- Risikoelemente,

- Budgetausschöpfungsgrade,

- Mitarbeiterqualifikationen,

- Mitarbeiterzufriedenheit,

- Kundenzufriedenheit,

- Strategie-Elemente,

- Know-how-Bildung und -Bindung,

- Reisekosten,

- etc.

Somit müssen n Kennzahlen bei m Projekten überwacht und gesteuert werden, was in jeder Projektphase einen großen Aufwand bedeutet. Eine Aggregation aller Controlling-Positionen auf eine einzelne Kenngröße ermöglicht dem Projektverantwortlichen, auf einen Blick zu erfassen, ob sich das Projekt noch in dem Zustand „okay" befindet oder ob dem Projekt bereits besondere Aufmerksamkeit zu schenken ist und entsprechende Maßnahmen getroffen werden müssen. Hierzu bietet sich die Anwendung der im vorherigen Kapitel entwickelten Auswertungslogik an. Zunächst bedarf es jedoch umfangreicher Vorbereitungen, die nachfolgend kurz dargestellt werden.

3.1 Experimenteller Prototyp

Zur Umsetzung des Frameworks anhand eines praktischen Beispiels müssen Überlegungen bezüglich der technischen Realisierung vorgenommen werden. Die vollständige Umsetzung dieses Frameworks in einem Tabellenkalkulationsprogramm scheitert an der Überlegung des Aggregierens aller Kenngrößen zu der im vorherigen Kapitel erwähnten Auswertungslogik. Um eine solche Aggregation vornehmen zu können, müssen die Kenngrößen in einer hierarchischen Ordnung vorliegen (vgl. hierzu Kap. 2.5.1.1). Die Abbildung dieser durchaus komplexen hierarchischen Ordnung stellt in einem Tabellenkalkulationsprogramm eine gewisse Herausforderung dar. Auch kann es nicht die Aufgabe eines Tabellenkalkulationsprogramms sein, relationale Beziehungen darzustellen, wie es durch die Abbildung der hierarchischen Ordnung gefordert ist. Die Abbildung einer solchen Ordnung lässt sich deutlich besser in einer relationalen Datenbank erstellen, was in diesem Falle auf einem MSSQL-Server 2005 erfolgt. An dieser Stelle sollte bereits die Überlegung der Abbildungskomplexität Berücksichtigung finden. Die Abb. 3.1 zeigt die Komplexität der Informationen. So können

- die Verantwortlichen aus einer Personaltabelle,

- Berechnungswege aus einer Kennzahlentabelle,

- Gewichtungen aus einer Tabelle für Kennzahlensteckbriefe,

- Perspektiven aus einer weiteren Tabelle,

- etc.

entnommen werden. Auch die Durchführung der Berechnungslogik sollte auf dem SQL-Server direkt durchgeführt werden, da ein Tabellenkalkulationsprogramm in dieser Komplexität, insbesondere in der iterativen Berechnungslogik, nicht die erforderliche Performance erreicht.

All diese Überlegungen führen im Fall dieses Beispiels dazu, einen experimentellen Prototypen zu entwickeln, der nicht den Anspruch hat, einen sauberen Programmcode darzustellen oder ein umfassendes Exception-Handling abzubilden, sondern die Funktionalität des Frameworks darzustellen und neue Erkenntnisse über das Framework zu erhalten. Dabei steht die technische Umsetzungsfähigkeit im Vordergrund. Ferner sollte ein solcher experimenteller Prototyp in Bezug auf das abzubildende

Kennzahlenordnungssystem und die Erstellung der Kennzahlensteckbriefe, der Kennzahlen und der Projekte die Fähigkeit aufweisen, ständige Ergänzungen, Erweiterungen und Anpassungen zu ermöglichen. Die Darstellung der Ergebnisse sollte in einem Tabellenkalkulationsprogramm erfolgen, da hier eine Überprüfung der Ergebnisse recht schnell und nachvollziehbar möglich ist. Auch können grafische Darstellungsformen ohne Schwierigkeiten ergänzt werden. Die Darstellung erfolgt auf dem Tabellenkalkulationsprogramm MS Excel.

Die Wahl für das Tabellenkalkulationsprogramm begründet sich, insbesondere im Controllingbereich, in einer starken Verbreitung, die dieses Tool unterworfen ist, was eine Nachvollziehbarkeit auf bereits installierten System ermöglicht. Auch die Möglichkeiten der Makroprogrammierung, über die der Datenabruf im Umfeld des .NET Frameworks erfolgt, sind für die Entscheidung von Bedeutung. So kann eine Adaption der Umsetzung im betrieblichen Kontext zügig erfolgen.

Die Wahl des MSSQL-Servers begründet sich in der optimalen Integration in die Microsoft-Produktwelt, insbesondere durch .NET, da die Realisierung des Datenabrufs durch Excel über .NET erfolgt. Auch ist in einer Vielzahl von Unternehmen ein MSSQL-Server bereits installiert, so dass eine Installation des Prototypen auf recht schnelle Weise erfolgen kann.

Für ein Frontend, zur erleichterten Eingabe der benötigten Datensätze in die Datenbank, wurde die Programmiersprache Visual Basic gewählt. Die Begründung zur Wahl dieser Programmiersprache liegt in ihrer Nähe zur Makrosprache des gewählten Tabellenkalkulationsprogrammes und der optimalen Integration von .NET. Die Nutzung von .NET-Komponenten wurde jedoch, im Bereich des Datenbankzugriffes, bei der Implementierung des Prototypen durch individuelle Programmierung von Datenbankzugriffen ergänzt, was sich insbesondere durch die Wahl der Prototypenform begründet. Auch lässt sich die technische Umsetzung für ungeübte Entwickler besser nachvollziehen und, da dieser Prototyp, wie eingangs erwähnt, der Gewinnung neuer Kenntnisse zur Erstellung einer leistungsfähigeren, produktiv einsetzbaren Lösung dient.

Die Wahl der Komponenten bedingt die Nutzung des Betriebssystems MS-Windows. Durch die weite Verbreitung des Betriebssystems ist diese Entscheidung eher vorteilhaft als negativ zu beurteilen. Somit lässt sich der erstellte Prototyp auf die Mehrzahl der heutigen Rechner im betrieblichen Kontext installieren und nachvollziehen.

Die Umsetzung des Prototypen soll auf der Plattform MS-Windows, auf einen MSSQL-Server und mit Hilfe des Tabellenkalkulationsprogramms Excel erfolgen. Zu beachten ist, dass bei einer lokalen Installation aller Komponenten eine ausreichende Speichergröße (RAM) gewählt wird, da der MSSQL-DB-Server bereits 512 MB beansprucht (vgl. hierzu Microsoft, Systemvoraussetzungen MSSQL Server 2005). Für jede Kenngröße in dem Tabellenkalkulationsprogramm wird ein eigenes Tabellenblatt erzeugt. Dass deren Anzahl durch die Größe des verfügbaren Speichers begrenzt wird, sollte ebenfalls Beachtung finden.

Nachfolgend wird die Funktion und Bedienung des Prototypen kurz dargestellt, um das praktische Anwendungsbeispiel besser nachvollziehen zu können.

3.1.1 Datenbank

Die Datenbank beinhaltet alle notwendigen Informationen, um das Framework zu testen. Die wichtigsten Tabellen werden in den folgenden Kapiteln näher erläutert. Die Datenbank ist in der nachfolgenden Abbildung dargestellt:

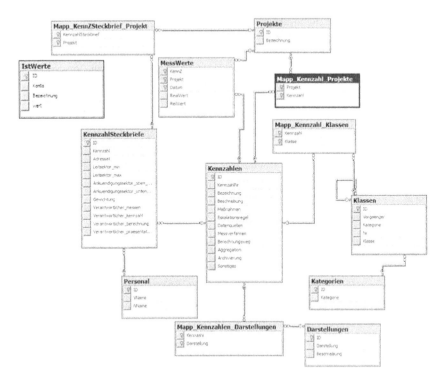

Abb. 3.1: Datenbank-Prototyp

(Quelle: eigene Grafik)

3.1.1.1 Tabelle „Projekte"

Die Tabelle „Projekte" stellt in diesem Prototypen eine Sammlung von Projekten dar. Der Einfachheit halber ist diese Tabelle lediglich mit einer Identity-Spalte und einer Spalte für die Bezeichnung eines Projektes versehen. Auf die Angabe weiterer Attribute wurde verzichtet, da dies nicht zur Aufgabenstellung des Prototypen gehört.

3.1.1.2 Tabelle „Kennzahlen"

Die Tabelle „Kennzahlen" bildet den der zentralen Knoten der Datenbank. Sie beinhaltet die Attribute, die für eine Kennzahl in allen Projekten, in denen diese Kennzahl eingesetzt wird, gleichermaßen gelten.

Die Kennzahlen müssen einem Projekt zugeordnet werden können. Dabei gilt, dass jedes Projekt mehrere Kennzahlen haben und jede Kennzahl in mehreren Projekten vorhanden sein kann. Um diese n:m-Beziehung abzubilden, wurde eine Mapping-Tabelle eingefügt.

3.1.1.3 Tabelle „KennzahlSteckbriefe"

Die Tabelle „KennzahlSteckbriefe" beinhaltet die projektspezifischen Informationen über eine Kennzahl. Die Beziehung zu einer Kennzahl wird dabei über eine Fremdschlüsselbeziehung hergestellt. Diese projektspezifischen Informationen, die in einem Kennzahlensteckbrief enthalten sind, müssen dem Projekt zugeordnet werden können, wobei hier gilt, dass ein Projekt mehreren Kennzahlensteckbriefen und jeder Steckbrief durchaus mehreren Projekten zugeordnet werden kann. Auch können für eine Kennzahl mehrere Steckbriefe erstellt werden, die einem oder mehreren Projekten zugeordnet werden können. Da eine Zuordnung einer n:m-Beziehung zwischen Kennzahlsteckbriefen und Projekten nicht alleine durch eine Fremdschlüsselbeziehung zu realisieren ist, erfolgt hier ein Mapping über eine Tabelle. Es sollte jedoch der Lösungsansatz über eine attribuierte Mapping-Tabelle zwischen Kennzahl und Projekt geprüft werden.

Durch die Zuordnung der Kennzahlensteckbriefe zu den Projekten ist die Gültigkeit auf die Projektdauer beschränkt, so dass keine spezifische Gültigkeit angegeben werden muss.

Die Tabelle „KennzahlSteckbriefe" beinhaltet auch die Verantwortlichkeiten für die jeweilige Kennzahl. Die Zuordnung der Verantwortung erfolgt aus einer Personaltabelle.

3.1.1.4 Tabelle „Istwerte"

Die Tabelle „Istwerte" dient der Vorhaltung der aktuell gültigen Ist-Werte auf einzelnen Konten, sie stellt eine „Dummy"-Lösung für diesen Prototypen dar und dient der Simulation eines Vorsystems.

3.1.1.5 Tabelle „Messwerte"

Diese Tabelle beinhaltet die Berechnungsergebnisse der einzelnen Kennzahlen. Da die Berechnung jeweils projekt- und kennzahlabhängig ist, besteht zu beiden Tabellen eine Fremdschlüsselbeziehung. Die Kombination dieser beiden Attribute mit einem serverspezifischen Timestamp als Primary Key ermöglicht eine Versionierung der Berechnungsergebnisse. Diese Tabelle ist auch der Ausgangspunkt für alle weiteren Berechnungsschritte.

3.1.1.6 Tabelle „Kategorien"

In dieser Tabelle werden die Kategorien des Kennzahlenordnungssystems gemäß Kap. 2.5.1.1 angelegt. Für dieses Kennzahlenordnungssystem sind 12 Kategorien vorgesehen, die bereits beim Anlegen der Datenbank eingefügt werden. Sie stellen jeweils eine Sicht auf die darunterliegenden Kennzahlen aus einer spezifischen Perspektive dar.

3.1.1.7 Tabelle „Klassen"

Die Tabelle „Klassen" beinhaltet die Klassen und die Klassenhierarchie gemäß Kap.2.5.1.1. Die Abbildung der Hierarchiestufen erfolgt durch Referenzierung der Tabelle mit sich selbst. Dieser Verweis erlaubt die Unterordnung von Klassen unter andere Klassen, so dass ein Klassenbaum entsteht. Jeder Klasse können über eine Mapping-Tabelle mehrere Kennzahlen zugeordnet werden. Dabei sollen die Klassen der Sichten 0 bis 9 jede Kenngröße nur einmal enthalten und die Klassen der Sichten mit Buchstaben nur Verweise auf die Kennzahlen der Klassen mit den Sichten 0 bis 9 (vgl. hierzu Kap. 2.5.1.1). Jede Klasse erhält während des Berechnungslaufs eine Systemkennzahl, was eine Aggregation zu einer zentralen Kenngröße ermöglichen soll.

3.1.2 Frontend

Die Realisierung des Frontends dient lediglich der einfacheren Erstellung der benötigten Datensätze für diesen Prototypen. Die Programmierung erfolgt unter Visual Basic (vgl. Kap.3.1). Nachfolgend soll das Funktionsprinzip kurz dargestellt werden.

3.1.2.1 DBServer.dll und Verbindung.dll

Die Datenbankanbindung ist in der DBServer.dll und der Verbindung.dll implementiert.

Die DBServer.dll übernimmt die benötigten Servereinstellungen und stellt diese Informationen als Objekt zur Verfügung. Dabei erzeugt sie die server.cfg. Diese enthält alle zum Verbindungsaufbau notwendigen Informationen und kann per Editor bearbeitet werden. Wird diese Datei versehentlich gelöscht, wird eine neue Datei erzeugt. Dazu kann der Benutzer die erforderlichen Eingaben in einem Formular tätigen. Es empfiehlt sich, die Einstellungen unverändert zu übernehmen und lediglich die Einstellungen für „Server" und „Initial Catalog" entsprechend den Gegebenheiten anzupassen. Zu beachten ist, dass die Eingabe eines Passwortes und eines Benutzernamens derzeit nur für den MySQL-Server gilt und für den MSSQL-Server keine Verwendung findet. Die Anmeldung für den MSSQL-Server erfolgt immer mit dem Windows-Benutzernamen.

Die Verbindung.dll stellt die Datenbankverbindung her und weitere von dem Hauptprogramm benutzte Funktionen und Klassen zur Verfügung, insbesondere zur Datentransformation sowie zum Einfügen, Abrufen und Löschen von Datensätzen.

3.1.2.2 Frontend.exe

Das Frontend stellt ein Programm zur einfachen Eingabe von Datensätzen in der Datenbank dar. Hier werden die projektunabhängigen Daten eingegeben. Das Frontend dient nicht dem täglichen Gebrauch im Projektcontrolling, sondern der Administration des Kennzahlenordnungssystemes. Dabei stehen keine Funktionen zur Bearbeitung von Datensätzen bereit, da es sich hierbei um einen experimentellen Prototypen handelt, der das Konzept des Frameworks verdeutlichen soll. Nach dem Start des Programmes erscheint das Auswahlfenster, das gleichzeitig als Mainprogramm konzipiert ist.

Hier kann zwischen der Eingabe von Klassen, Kennzahlen und der Kennzahlenberechnung gewählt werden.

3.1.3 Excel-Anwendung

Nachfolgend wird die Benutzung der Excel-Anwendung kurz dargestellt. Da diese Anwendung für den täglichen Gebrauch entworfen werden muss, sollte die Applikation in der „Assistenten"-Form angelegt werden, was exemplarisch auch in dem Prototypen gewählt worden ist.

Zur Ausführung müssen Makros aktiviert werden.

Nach dem Start der Arbeitsmappe findet sich auf dem Tabellenblatt „Start" eine Schaltfläche „Start Assistenten", die den Assistenten aktiviert. Im Folgenden legt der Assistent ein neues Projekt an. Dazu wird dem Projekt zuerst ein Name zugewiesen, anschließend werden die Kennzahlen dem Projekt hinzugefügt und die entsprechenden Kennzahlensteckbriefe angelegt. Zu beachten ist, dass alle Kennzahlen, die ausgewählt werden, auch einen Berechnungsweg aufweisen (vgl. Anhang B) müssen. Nach erfolgreicher Eingabe aller benötigten Daten wird die Berechnung des Projektes gestartet. Dabei erfolgt ein Teil der Berechnung auf dem SQL-Server, ein anderer Teil, insbesondere die Aggregation der Kennzahlen, in Excel.

Das Projekt wird als neue Excel-Arbeitsmappe und die einzelnen Kennzahlensteckbriefe als jeweils einzelne Tabellenblätter angelegt. Die Auswertung der Dreiwertlogik erfolgt anhand eines Hodometers.

3.2 Anwendung des Frameworks

Als Beispielprojekte wurden zwei Testprojekte mit lediglich sieben Kennzahlen erstellt, um die Komplexität von IT-Großprojekten zu reduzieren. Dazu sollen diese Testprojekte als „Probetest1" und „Probetest2" bezeichnet werden. Die Vorgaben zur Auswertung dieser Testprojekte erfolgt dabei durch Lufthansa Systems, die aufgrund ihrer umfangreichen Projekterfahrungen Vorgaben bezüglich der Auswahl von Kenngrößen treffen kann, die einerseits den „klassischen" Bereich der finanziellen Kenngrößen, andererseits die immer wichtiger werdenden „neuen" Bereiche Risiko, Mitarbeiter- und Kundenzufriedenheit sowie strategische Positionierung umfassen.

So wurden folgende Kenngrößen zur Bewertung dieser Projekte ausgewählt:

Finanzperspektive:

- Verhältnis der Budgetausschöpfung zum Gesamtaufwand

- Höhe der Reisekosten

Kundenperspektive:

- Anzahl der Eskalationen

- Note aus Kundenbefragung

Mitarbeiterperspektive:

- Fluktuation

- Know-how-Aufbau (stufenweise erfolgter Aufbau: 1 Einsteiger bis 6 Senior-Professionals)

Geschäftsfeldperspektive:

- Umsatzvolumen von Anschlussprojekten

Zuerst werden in der Datenbank die Kennzahlen eingefügt werden. Für die Erstellung der jeweiligen Berechnungsschritte muss feststehen, aus welchen „Konten" die jeweiligen Istwerte entnommen werden. Dazu wird in diesem Fall ein Vorsystem simuliert (vgl. Kap. 3.1.1.4), in dem die benötigten Werte vorgehalten werden. Hier greifen beide Projekte auf dieselben Konten mit denselben Istwerten zu. Dieses Vorgehen ermöglicht bei unterschiedlichen Sektorenvorgaben eine Darstellung der Auswirkung gleicher Sektorenwerte auf dem Framework.

Die benötigten „Konten" und die zugehörigen Istwerte werden in die Tabelle „Istwerte" eingefügt und haben dabei folgende Ausprägungen:

Konto	Bezeichnung	Wert
3	Anzahl Eskalationen	6
4	Note aus Kundenbefragung	3
5	Anzahl MA, Anfänger Stufe 1, Java	3
6	Anzahl MA, Anfänger Stufe 2, Java	5
7	Anzahl MA, Fortgeschrittene Stufe 3, Java	2
8	Anzahl MA, Fortgeschrittene Stufe 4, Java	6
9	Anzahl MA, Young-Professionals Stufe 5, Java	4
10	Anzahl MA, Senior-Professionals Stufe 6, Java	8
100	Budget des Projektes	850.000
101	Gesamtaufwand des Projektes	822.450
102	Reisekosten des Projektes	27.430
105	Anzahl Kündigungen	7
106	Anzahl Neueinstellungen	10
107	Umsatzvolumen Folgeauftrag	600.000

Tab. 3.1: Tabelle „Istwerte" mit Werten

Nach dem Anlegen der Istwerte in die Datenbank erfolgt das Anlegen des Berechnungsweges in der Tabelle „Kennzahlen". Dazu wird für jede Kennzahl im Frontend, im Formular „Berechnung", ein SQL-Statement erstellt (vgl. Anhang 4.2B). Hier wird exemplarisch davon ausgegangen, dass alle Werte, die ggf. benötigt werden, als Istwerte vorliegen. Lediglich die Berechnung der Mitarbeiterqualifikation erfolgt über den Berechnungsweg der entsprechenden Kennzahl.

Im Anschluss wird das Projekt „Probetest1" mit folgenden Werten angelegt:

Kenngröße	Ankündigungssektor unten	Leitsektor min.	Leitsektor max.	Ankündigungssektor oben	Gewichtung
Verhältnis Budgetausschöpfung zu Gesamtaufwand	0%	40%	97%	100%	96%
Höhe der Reisekosten	4.000 €	10.000 €	30.000 €	33.000 €	10%
Anzahl der Eskalationen	0	2	7	9	10%
Note aus Kundenbefragung	1	2	4	5	10%
Fluktuation	-10	-8	1	5	10%
Know-how Aufbau (stufenweiser Aufbau: 1 Einsteiger bis 6 Senior-Professionals)	2	3	4,5	5,5	10%
Umsatzvolumen von Anschlussprojekten	100.000€	300.000€	800.000€	1.200.000€	100%

Tab. 3.2: Sektorenwerte aus Probetest1

Wobei sich, wie bereits im Kapitel 2.6 erwähnt, folgende Konstellation ergibt:

Eingegebener Wert	Abgeleiteter Wert
Leitsektor max.	Ankündigungssektor oben, min.
Ankündigungssektor oben, max.	Warnsektor oben
Leitsektor min.	Ankündigungssektor unten, max.
Ankündigungssektor unten, min.	Warnsektor unten

Tab. 3.3: Abgeleitete Sektorenwerte

Die Gesamtbewertung des Projektes zeigt, dass das Ergebnis 0,61 beträgt. Der Wert 0,61 sagt aus, dass das Projekt insgesamt in einem akzeptablen Bereich liegt. Durch die Gewichtungsverteilung wird dieses Ergebnis hauptsächlich durch das Umsatzvolumen der Folgeaufträge und dem Verhältnis der Budgetausschöpfung zum Gesamtaufwand bestimmt. Mit diesem Projekt sollen hauptsächlich strategische Ziele verfolgt werden, was die Kennzahlgewichtung erklärt.

Probetest1

Abb. 3.2: Projekt Probetest1 nach der Auswertung

(Quelle: eigene Grafik)

Das Projekt „Probetest2" wird mit folgenden Werte angelegt:

Kenngröße	Ankündigungssektor unten	Leit-sektor min.	Leit-sektor max.	Ankündigungssektor oben	Gewichtung
Verhältnis Budgetausschöpfung zu Gesamtaufwand	0%	40%	97%	100%	96%
Höhe der Reisekosten	4.000 €	10.000 €	20.000 €	22.000 €	10%
Anzahl der Eskalationen	0	2	7	9	10%
Note aus Kundenbefragung	1	2	4	5	10%
Fluktuation	-10	-8	1	5	10%
Know-how Aufbau (stufenweiser Aufbau: 1 Einsteiger bis 6 Senior-Professionals)	2	3	4,5	5,5	10%
Umsatzvolumen von Anschlussprojekten	100.000€	300.000€	800.000€	1.200.000€	100%

Tab. 3.4: Sektorenwerte Probetest2

Die Mehrzahl der Kenngrößen sind exakt so, wie im Projekt Probetest1 angelegt. Der einzige Unterschied liegt in der Höhe der Reisekosten. Diese Kennzahl, durch die Gewichtung von untergeordneter Bedeutung, liegt jetzt im Warnsektor und soll das Projekt als „kritisch" klassifizieren. Die Auswertung erfolgt dabei ohne eine Anpassung der Vetogewichtung, wie unter Kapitel 2.7.1.2 beschrieben.

Probetest2

Abb. 3.3: Projekt Probetest2 nach der Auswertung

(Quelle: eigene Grafik)

3.3   Bewertung der Ergebnisse

Die Darstellung der Ergebnisse erfolgt anhand einer Grafik in Ampelfarben. Diese drei Farben sind mit der anfangs erwähnten Dreiwertlogik gleichzusetzten. Die Kenngröße „Reisekosten", mit anfänglich geringer Gewichtung, kann die Bewertung eines Projekterfolges beeinflussen. Befindet sich das Projekt noch im grünen Bereich, kann anhand der Position des Zeigers und der Wertangabe eine Beurteilung des Projektes derart erfolgen, das ein Projekt nahe Null mit dem größten Erfolg einhergeht. Je weiter sich der Zeiger aus der Nullstellung entfernt, desto geringer ist der Erfolg des Projektes. Dabei wird vollständig von den zugrunde liegenden Kenngrößen abstrahiert, so dass nicht eine endliche Menge von Kennzahlen gesichtet werden muss, sondern sich der Projekterfolg oder -misserfolg anhand einer einzelnen Grafik erschließt.

4   Fazit und Ausblick

4.1   Bewertung der praktischen Anwendung des Frameworks

Das Framework ermöglicht eine Verdichtung verschiedener Kennzahlen zu einer einzelnen Kenngröße, anhand derer direkt eine Aussage über Erfolg oder Misserfolg eines IT-Projektes möglich wird. Diese Verdichtung ermöglicht durch einfache Darstellungsformen einen „Quick-View" auf das Projekt, ersetzt aber keine Abweichungsanalyse oder Steuerungsmaßnahmen, wie sie im Controlling zu finden sind. Sie ermöglicht jedoch einen Überblick über eine Vielzahl von Projekten in einem Projektportfolio und öffnet damit die Möglichkeit zur Konzentration auf eine reine Problemanalyse und Problembehebung. Auch lassen sich durch Anwendung dieses Frameworks die gewonnen Kenngrößen weiter auf eine einzige Kenngröße für ein gesamtes Projektportfolio verdichten.

Kritisch anzumerken bleibt, dass im Vorwege der Erstellung dieses Frameworks ein Kennzahlenordnungssystem geschaffen werden muss, das eine stufenweise Verdichtung überhaupt erst ermöglicht. Die Erstellung dieses Kennzahlenordnungssystems, das ggf. für ganze Branchen anzulegen ist, stellt einen weiteren Analysebereich dar, bei dem zu untersuchen ist, inwieweit ein solches Kennzahlenordnungssystem überhaupt erstellt werden kann und wie die Interdependenzen der Kennzahlen zu beachten sind.

Auch ist weiter zu untersuchen, ob das vorliegende Framework für andere Bereiche als das Projektcontrolling einsetzbar ist. Denkbar wäre beispielsweise eine Anwendung auf weitere Bereiche von Unternehmen.

Ob das Framework als Controlling-Instrument, für Planung, Plan-/Soll-Ist-Vergleiche und zur Steuerung eingesetzt werden kann, ist eine weitere Frage, die genauer untersucht werden sollte. Das hier exemplarisch dargestellte Vorgehen bezieht sich nur auf Istwerte und kann somit nur zur schnellen Analyse für Istdaten im Controlling eingesetzt werden.

Auch die Erstellung einer voll funktionsfähigen Softwarebasis sowie die technischen Möglichkeiten müssen weiter untersucht werden, was nicht als Bestandteil dieser Arbeit angesehen werden kann.

4.2 Kritische Betrachtung der technischen Umsetzungsfähigkeit

Die einzelnen Berechnungsschritte müssen iterativ durchlaufen werden. Insbesondere ein Tabellenkalkulationsprogramm erreicht dabei schnell seine Leistungsgrenze. Iterative Berechnungen in einer unbekannten Verschachtelungstiefe können auch auf dem MSSQL-Server nicht ausgeführt werden, da dieser die Verschachtelungstiefe auf maximal 32 Ebenen beschränkt. Eine Umsetzung in der Art des vorliegenden Prototyps führt hier nicht zu einem befriedigenden Ergebnis. Es bleibt zu prüfen, ob andere Datenbankserver nicht dieser Beschränkung unterliegen und die iterative Berechnungsschritte auf einen solchen Server erfolgen kann.

Der Aufbau der Berechnungslogik sollte als eigenständiges Programm umgesetzt werden, ebenso wie der gesamte Abruf der Daten aus dem SQL-Server. Die Umsetzung in Excel hat gezeigt, dass der Zugriff und die Berechnung durch die VBA-Makroprogrammierung deutliche Performanceeinbußen erfährt, die durch einen weitgehenden Verzicht auf Makroprogrammierung behoben werden könnten. Trotz dieser Kritik eignet sich ein Tabellenkalkulationsprogramm sehr gut, um die Auswertung der Berechnung darzustellen und nachzuvollziehen. Insbesondere die Möglichkeiten der grafischen Auswertung sollen hier betont werden. Eine weitere Möglichkeit stellt eine Embedded-Lösung von Tabellentemplates dar, die näher untersucht werden sollte. Eine solche Lösung hätte den Vorteil, dass die gesamte Logik programmtechnisch umgesetzt werden und das Template dann zur Präsentation und Nachbearbeitung der Daten genutzt werden könnte.

Literaturverzeichnis

Fechter, M. (12. 05 2007). Abgerufen am 12.05.2010 von http://www.iste.uni-stuttgart.de/se/teaching/courses/hsre_alt/res/HSRE-WS0708-Michael_Fechter-Prototyping.pdf

Gómez, J. M., Junker, H., & Odebrecht, S. (2009). IT-Controlling. Strategien, Werkzeuge, Praxis. Berlin: Erich Schmidt Verlag.

Hansen, H. R., & Neumann, G. (2005). Wirtschaftsinformatik 1. Grundlagen und Anwendungen (9. Ausg.). Stuttgart: Lucius & Lucius.

Kuhrmann, M. (07. 04 2010). Enzyklopaedie der Wirtschaftsinformatik. Abgerufen am 28.11.2010 von http://www.enzyklopaedie-der-wirtschaftsinformatik.de/lexikon/is-management/Systementwicklung/Vorgehensmodell/Prototyping

Müller, C. (1. 4 2002). Grundlagen der Grundlagen der Wirtschaftsinformatik: Entwicklung und Bereitstellung von betrieblichen Informationssystemen. Abgerufen am 12.05.2010 von http://www.it-infothek.de/fhtw/grund_wi_05.html

o.A. (22. 10 2010). Wikipedia. Abgerufen am 28.11.2010 von http://de.wikipedia.org/wiki/Prototyping_%28Softwareentwicklung%29#Experimentelles_Prototyping

o.A. (2000). Wirtschaftslexikon (15 Ausg., Bde. F-H). Wiesbaden: Gabler.

o.A. (kein Datum). Wirtschaftslexikon24.net. Abgerufen am 28.11.2010 von Ordnungssystem: http://www.wirtschaftslexikon24.net/d/ordnungssystem/ordnungssystem.htm

Pabst-Weinschenk (a), M. (o.J.). Ein Projekt. Abgerufen am 26.04.2010 von http://www.uni-duesseldorf.de/muendlichkeit/Projekt-Netz/projekt.htm.

Pabst-Weinschenk (b), M. (o.J.). Projekt-Definition nach DIN. Abgerufen am 26.04.2010 von http://www.uni-duesseldorf.de/muendlichkeit/Projekt-Netz/DIN.htm.

Pabst-Weinschenk (c), M. (o.J.). Ein Ziel muss ... Abgerufen am 26.04.2010 von http://www.uni-duesseldorf.de/muendlichkeit/Projekt-Netz/ziel.htm.

Pabst-Weinschenk (d), M. (o.J.). Projekt-Leitung. Abgerufen am 26.04.2010 von http://www.uni-duesseldorf.de/muendlichkeit/Projekt-Netz/projektleitung.htm.

Schlingloff (b), H. (2002). Management großer Softwareprojekte. Vorlesungsfolien, 2. Projektphasen, Humboldt-Universität zu Berlin. Abgerufen am 01.04.2010 von http://www2.informatik.hu-berlin.de/~hs/Lehre/2002-WS_SPM/.

Schlingloff, H. (2002). Management großer Softwareprojekte. Vorlesungsfolien, 1. Einleitung, Humboldt-Universität zu Berlin. Abgerufen am 26.04.2010 am http://www2.informatik.hu-berlin.de/~hs/Lehre/2002-WS_SPM/.

Stein, S. (30. 08 2004). 6.3.1 Vorgehensmodell ‚Code and Fix`. Abgerufen am 12. 05 2010 von http://emergenz.hpfsc.de/html/node41.html

Anhang

A   Datenbank

Tabelle „Projekte":

Attribut	Beschreibung	Typ
ID	Identity	Integer Identity
Bezeichnung	Bezeichnung des Projektes, Freie Eingabe	Varchar(255)

Tab. A.1: Tabelle „Projekte", Attribute

```
-- Projekte, zu dennen die Kennzahlen gehören:

CREATE TABLE Projekte (

ID INTEGER IDENTITY,

Bezeichnung VARCHAR(255) NOT NULL)
```

Listing A.1: Tabelle „Projekte"

Tabelle „Kennzahlen":

Attribut	Beschreibung	Typ
ID	Identity Spalte	Integer, Identity
KennzahlNr	Nummer der Kennzahl, ermöglicht fortlaufende Nummerierung (gem. Kap. 0), freie Eingabe, Pflicht	Char(4)
Bezeichnung	Bezeichnung der Kennzahl. Freie Eingabe, Pflicht	Varchar
Beschreibung	Beschreibung der Kennzahl. Freie Eingabe	Varchar
Maßnahmen	Zu ergreifende Maßnahmen beim Verlassen des Leitsektors. Dient der schnellen Reaktion. Freie Eingabe	Varchar
Eskalationsregel	Sofern die eingeleiteten Maßnahmen nicht greifen, kann eine fortschreitende Verschlechterung der Kennzahl nicht ausgeschlossen werden. Regelungen zur Eskalation der Situation. Freie Eingabe	Varchar
Datenquellen	Darstellung der Datenherkunft. Freie Eingabe	Varchar
Messverfahren	Angaben über das benötigte Messverfahren. Freie Eingabe	Varchar
Berechnungsweg	SQL-Statement zur Berechnung der Kennzahl	Varchar
Aggregation	Stufe der Aggregation der Kennzahl. Freie Eingabe	Varchar
Archivierung	Angaben über die Archivierung der Kennzahl. Freie Eingabe	Varchar
Sonstiges	Informationen. Freie Eingabe	Varchar

Tab. A.2: Tabelle „Kennzahlen", Attribute

```
-- Die Kennzahlen

CREATE TABLE Kennzahlen (

ID INTEGER PRIMARY KEY IDENTITY,

-- Kennzahl

KennzahlNr CHAR(4) NOT NULL,
```

```
Bezeichnung VARCHAR(255) NOT NULL,

Beschreibung VARCHAR(MAX),

Maßnahmen VARCHAR (MAX),

Eskalationsregel VARCHAR (MAX),

-- Datenermittlung

Datenquellen VARCHAR (MAX),

Messverfahren VARCHAR (MAX),

-- Datenaufarbeitung

Berechnungsweg VARCHAR(MAX),

-- Präsentation

Aggregation VARCHAR(20),

Archivierung VARCHAR(MAX),

-- Sonstiges

Sonstiges VARCHAR(MAX))
```

Listing A.2: Tabelle „Kennzahlen"

Tabelle KennzahlSteckbriefe:

Attribut	Beschreibung	Typ
ID	Identity	Integer Identity
Kennzahl	ID der Kennzahl, Foreign Key	Integer, Foreign Key (Kennzahlen)
Adressat	ID des Personals, Foreign Key	Integer, Foreign Key (Personal)
Leitsektor_min	Untere Grenze des Leitsektors. Freie Eingabe	Decimal (38,10)
Leitsektor_max	Obere Grenze des Leitsektors. Freie Eingabe	Decimal (38,10)
Ankuendigungssektor _oben_max	Obere Grenze des oberen Ankündigungssektors, Freie Eingabe	Decimal (38,10)
Ankuendigungssektor _unten_min	Untere Grenze des unteren Ankündigungssektors	Decimal(38,10)
Gewichtung	Spezifische Gewichtung der Kennzahl.	Decimal (7,2)
Verantwortlicher _messen	Verantwortlicher für das Messen. Foreign Key	Integer Foreign Key (Personal)
Verantwortlicher _kennzahl	Verantwortlicher für die Kennzahl. Foreign Key	Integer Foreign Key (Personal)
Verantwortlicher _berechnung	Verantwortlicher für die Berechnung. Foreign Key	Integer Foreign Key (Personal)
Verantwortlicher _praesentation	Verantwortlicher für die Präsentation. Foreign Key	Integer Foreign Key (Personal)

Tab. A.3: Tabelle „KennzahlSteckbriefe", Attribute

```
CREATE TABLE KennzahlSteckbriefe (

ID INTEGER PRIMARY KEY IDENTITY,

Kennzahl INTEGER FOREIGN KEY REFERENCES Kennzahlen(ID),

Adressat INTEGER FOREIGN KEY REFERENCES personal (ID),

Leitsektor_min DECIMAL(38,10),

Leitsektor_max DECIMAL(38,10),

Ankuendigungssektor_oben_max DECIMAL(38,10),

Ankuendigungssektor_unten_min DECIMAL(38,10),

Gewichtung DECIMAL(7,3) NOT NULL,
```

```
--- Gueltigkeit_von datetime,

--- Gueltigkeit_bis datetime,

Verantwortlicher_messen INTEGER FOREIGN KEY REFERENCES
    personal (ID),

Verantwortlicher_kennzahl INTEGER FOREIGN KEY REFERENCES
    personal (ID),

Verantwortlicher_berechnung INTEGER FOREIGN KEY REFERENCES
    personal (ID),

Verantwortlicher_praesentation INTEGER FOREIGN KEY
    REFERENCES Personal(ID))
```

Listing A.3: Tabelle „KennzahlSteckbriefe"

Tabelle „Istwerte":

Attribut	Beschreibung	Typ
ID	Identity	Integer Identity
Konto	Kontonummer. Freie Eingabe	Varchar
Wert	Istwert. Freie Eingabe	Decimal (10,2)

Tab. A.4: Tabelle „Istwerte", Attribute

```
-- Enthält die Istwerte aus Vorsystemen wie SAP. Hier nur
    obligatorisch implementiert

CREATE TABLE IstWerte(

ID INTEGER IDENTITY ,

Konto VARCHAR(50) UNIQUE NOT NULL,

wert DECIMAL (10,2) NOT NULL)
```

Listing A.4: „Tabelle Istwerte"

Tabelle „Messwerte":

Attribut	Beschreibung	Typ
KennZ	ID der zugehörigen Kennzahl	Integer Foreign Key (Kennzahlen)
Projekt	ID des zugehörigen Projektes	Integer Foreign Key (Projekte)
Datum	Server Spezifischer Timestamp	Timestamp
Realwert	Tatsächliches Berechnungsergebnis	Decimal (38,10)
RelWert	Relativer Wert der Kennzahl gem. Framework	Decimal(38,10)

Tab. A.5: Tabelle „Messwerte", Attribute

```
-- Enthält die berechneten Werte der Kennzahlen

CREATE TABLE MessWerte (

KennZ   INTEGER FOREIGN KEY REFERENCES Kennzahlen(ID) NOT
        NULL,

Projekt INTEGER FOREIGN KEY REFERENCES Projekte(ID) NOT
        NULL,

Datum TIMESTAMP,

RealWert  DECIMAL (38,10),

RelWert  DECIMAL (38,10),

CONSTRAINT PK_K_P_D PRIMARY KEY (KennZ,Projekt,Datum))
```

Listing A.5: Tabelle „Messwerte"

Tabelle „Kategorien":

Attribut	Beschreibung	Typ
ID	Identity (gem. Kap. 0)	Varchar(1)
Kategorie	Bezeichnung der Kategorie	Varchar

Tab. A.6: Tabelle „Kategorien", Attribute

```
-- Kategorien enthält die Sichten, die zum
   Kennzahlenordnungssystem gehören

CREATE TABLE Kategorien (

ID VARCHAR(1) PRIMARY KEY,

Kategorie VARCHAR (255) NOT NULL);

go
```

Listing A.6: Tabelle „Kategorien"

Tabelle „Kategorien":

Attribut	Beschreibung	Typ
ID	Identity	Integer Identity
Vorgaenger	Vorgänger in der Hierarchie	Integer, Foreign Key (Klassen)
Kategorie	Sicht auf die Klasse	Integer, Foreign Key (Kategorien)
Nr	Klassennummer (gem. Kap.2.5.1.1). Freie Eingabe	Varchar
Klasse	Bezeichnung der Klasse, Freie Eingabe	Varchar

Tab. A.7: Tabelle „Klassen", Attribute

```
-- Die Tabelle für die einzelnen Kennzahlklassen

CREATE TABLE Klassen (

ID INTEGER Identity PRIMARY KEY,

Vorgaenger INTEGER FOREIGN KEY REFERENCES Klassen (ID),

Kategorie VARCHAR(1) FOREIGN KEY REFERENCES Kategorien (ID)
        NOT NULL,

Nr VARCHAR(MAX) NOT NULL,

Klasse VARCHAR(MAX) NOT NULL

);
```

Listing A.7: Tabelle „Klassen"

B   **Handbuch**

Das Frontend stellt ein Programm zur einfachen Eingabe von Datensätzen in der Datenbank dar. Hier werden die projektunabhängigen Daten eingeben. Es dient nicht dem täglichen Gebrauch im Projektcontrolling, sondern der Administration des Kennzahlenordnungssystems. Dabei stehen keine Funktionen zur Bearbeitung von Datensätzen bereit, da es sich hierbei um einen experimentellen Prototypen handelt, der das Konzept des Frameworks verdeutlichen soll. Nach dem Start des Programmes erscheint das Auswahlfenster, das gleichzeitig als Mainprogramm konzipiert ist.

Hier kann zwischen der Eingabe von Klassen, Kennzahlen und der Kennzahlenberechnung gewählt werden.

Abb. B.1: Startfenster von Frontend.Exe

(Quelle: eigene Grafik)

a   **Frontend: Button „Klassen"**

Beim Klick auf die Schaltfläche „Klassen" erscheint ein neues Fenster, in dem die Klassen erstellt werden können.

Zuerst wird unter „Hauptkategorie" die entsprechende Sicht der Klasse ausgewählt. Unter „Bereich" wird die oberste Klasse ausgewählt und im Tree-View-Bereich wird der Klassenbaum mit der entsprechenden Hierarchie dargestellt, dort wird anschließend die übergeordnete Klasse selektiert. Wird hier keine Selektion getroffen, wird ein neuer Hauptknoten angelegt. Anschließend können Angaben über die Klassenbezeichnung und die Stufe gemacht werden. Dieses Konzept entspricht dem Vorschlag eines Kennzahlenordnungssystems aus dem Kap.2.5.1.1.

Beim Klick auf den Button „Klassen" erscheint das Fenster zur Erstellung von Klassen in der Klassenhierarchie:

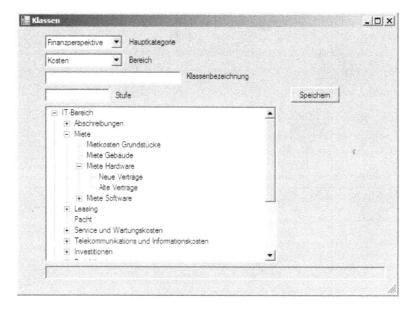

Abb. B.2: Fenster „Klassen"

(Quelle: eigene Grafik)

Im Drop-down-Feld „Hauptkategorie" wird die Sicht ausgewählt.

Anschließend wird unter „Bereich" ein Bereich ausgewählt, in dem eine neue Klasse erzeugt werden soll. Die Auswahlmöglichkeit im Drop-down-Feld „Bereich" ist von der gewählten Sicht abhängig. Bleibt dieses Feld leer, wird ein neuer Bereich angelegt.

Nachdem ein Bereich selektiert wurde, kann im Tree-View-Element eine Auswahl der Klasse erfolgen, die als Vorgänger der anzulegenden Klasse gilt.

Anschließend wird im Feld „Klassenbezeichnung" die Bezeichnung der Klasse ausgewählt und im Feld „Stufe" die fortlaufende Nummerierung.

Beim Klick auf den Button „Speichern" wird ein neuer Datensatz angelegt, ein Insert-Statement für den SQL-Server erzeugt, unter dem Tree-View-Element angezeigt und in die Zwischenablage kopiert. Dies ermöglicht das Übernehmen des Statements in ein SQL-Skript.

b   Frontend: Button „Kennzahlen"

Beim Klick auf „Kennzahlen" im Main-Fenster erscheint ein neues Fenster zur Eingabe von projektunabhängigen Kennzahl-Daten. Hier werden die allgemeingültigen Daten eingegeben und einer Klasse zugeordnet. Dabei ist darauf zu achten, dass jeder Kennzahl eine Klasse zugeordnet wird. Die zu tätigenden Eingaben sollten sich an Kap. 2.5.1.1 orientieren.

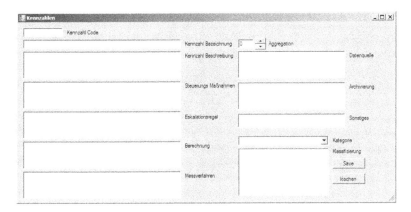

Abb. B.3: Fenster „Kennzahlen"

(Quelle: eigene Grafik)

In dem Feld „Kennzahl Code" wird ein fortlaufender Code der Kennzahl eingetragen. Dieses Feld sollte der Notation wie unter Kap. 2.5.1.1 folgen.

Anschließend wird eine Bezeichnung unter „Kennzahl Bezeichnung" eingetragen. Die weiteren Felder können entsprechend der Bezeichnung und den Angaben in Kap. 2.5.1.2 erfolgen. Im Anschluss wird im Drop-down-Feld „Kategorie" die entsprechende Sicht ausgewählt und anschließend im Tree-View-Element „Klassifizierung" die Kennzahl eindeutig einer Klasse zugeordnet.

Nachdem alle Angaben gemacht wurden, fügt ein Klick auf „Save" diesen Datensatz in der Datenbank ein.

Ein Klick auf die Schaltfläche „Löschen" löscht alle gemachten Eingaben aus dem Formular. Es werden keine Datensätze gelöscht.

c   Frontend: Button „Berechnung"

Nach dem Klick auf die Schaltfläche „Berechnung" im Mainfenster erscheint ein neues Fenster. In diesem wird zuerst eine Sicht ausgewählt. Nach Auswahl der Sicht wird im Tree-View-Bereich die entsprechende Baumstruktur der Sicht geladen. Hier kann die Auswahl einer Klasse vorgenommen werden. Nach dem Anklicken einer Klasse im Tree-View-Bereich werden im unteren Bereich die zugehörigen Kennzahlen angezeigt, von denen eine durch Anklicken markiert werden kann. Nach erfolgter Auswahl wird die Bedienung des Buttons „Berechnung" freigeschaltet, so dass für die ausgewählte Kennzahl eine Berechnung erfasst werden kann.

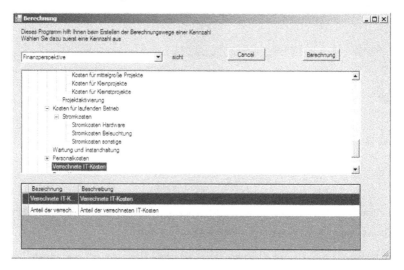

Abb. B.4: Fenster „Berechnung"

(Quelle: eigene Grafik)

Ein Klick auf „Cancel" bricht den aktuellen Vorgang ab.

Nach einem Klick auf die Schaltfläche „Berechnung" erscheint ein neues Fenster, indem die Berechnung der Kennzahl erfasst wird. Die Berechnung der Kennzahl erfolgt dabei als SQL-Statement. Die Erfassung dieses SQL-Statements kann per Eingabe in das Textfeld oder durch „Zusammenklicken" erfolgen. Dabei finden sich unten links eine kleine Auswahl an Operatoren und rechts die Herkunft der Quelldaten, also Kennzahl oder Konto aus der Istwerte-Tabelle.

Zur Berechnung einer Kennzahl durch eine andere Kennzahl als Quelle muss die referenzierte Kennzahl bereits mit einem Berechnungs-Statement versehen sein.

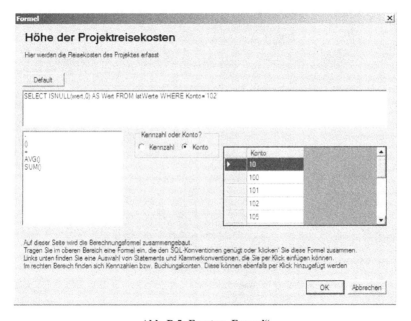

Abb. B.5: Fenster „Formel"

(Quelle: eigene Grafik)

Der Button „Default" lädt ein Standard-SQL-Statement, das anschließend ergänzt werden kann.

Sofern der Radio-Button auf „Konto" gesetzt ist, was per „Default" der Fall ist, sind unten rechts alle möglichen Konten aufgeführt. Per Doppelklick auf ein Konto wird ein SQL-Statement eingefügt.

Es kann auch eine Kennzahl, die bereits mit einem Berechnungsweg versehen ist, hinzugefügt werden, dazu muss der „Radio"-Button auf „Kennzahl" gesetzt sein, was per Klick erfolgt. Ist eine Kennzahl ausgewählt, ändert sich der Bereich unten rechts im Fenster derart, dass dort eine Auswahl einer Sicht, einer Klasse und einer Kennzahl möglich wird:

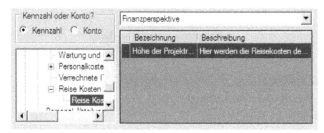

Abb. B.6: Geänderte Auswahl

(Quelle: eigene Grafik)

Dazu wird aus dem Drop-down-Feld eine Sicht ausgewählt. Nachdem dort eine Auswahl getroffen wurde, erscheinen links im Tree-View die Klassen, die zugehörig sind zu der ausgewählten Sicht. Wird dort eine Klasse angeklickt, wird rechts vom Tree-View-Element die zugehörige Kennzahl dargestellt, sofern für die Klasse eine Kennzahl mit Berechnungsweg angelegt wurde. Ein Doppelklick auf die Klasse fügt ein entsprechendes Statement in das Eingabefeld für den SQL-String ein.

Die Operatoren werden ebenfalls per Doppelklick hinzugefügt.

Abschließend sollte das SQL-Statement noch auf vollständige Korrektheit überprüft werden.

Die Speicherung des Statements in der Datenbank erfolgt mit einem Klick auf den Button „OK", „Abbrechen" bricht den aktuellen Vorgang ab.

d   Excel-Assistent

Beim Aufruf der Excel-Arbeitsmappe „MasterThesis_Example2.xlsm" müssen zuerst die Makros der Mappe aktiviert werden, sofern dies nicht per Einstellung erfolgt ist.

Dazu müssen in Excel 2007 folgende Schritte vollzogen werden:

Klick auf „Optionen" in der unter der Multifunktionsleiste eingeblendeten Meldung.

„Radio"-Button „Diesen Inhalt aktivieren" in der nachfolgenden Sicherheitswarnung setzen und per „OK" bestätigen

Abb. B.7: Makro-Aktivierung

(Quelle: eigene Grafik)

Anschließend kann der Assistent durch einen Klick auf die Schaltfläche „Start Assistenten" gestartet werden. Zuerst erscheint eine Begrüßung:

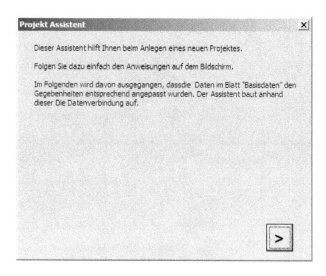

Abb. B.8: Einstieg in Assistenten

(Quelle: eigene Grafik)

Die weiteren Schritte des Assistenten werden durch Klick auf die Schaltfläche „>"
erreicht. Der erste Klick führt zur Eingabe-Maske des Projektnamens.

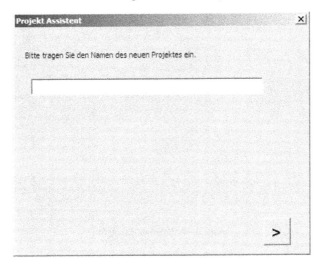

Abb. B.9: Projektnamen

(Quelle: eigene Grafik)

Hier wird ein Projektname vergeben. Ein weiterer Klick auf die Schaltfläche „>" führt
in den Schritt der Kennzahlauswahl. Hier werden die Kennzahlen ausgewählt, die zu
dem Projekt gehören. Die Auswahl kann auf zwei Wegen erfolgen: per Suche oder per
Auswahl im Tree-View-Element:

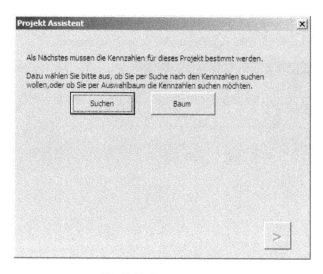

Abb. B.10: Kennzahlauswahl

(Quelle: eigene Grafik)

Ein Klick auf die Schaltfläche „Suchen" führt zur einfachen Suche.

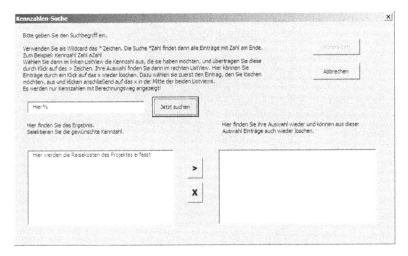

Abb. B.11: Formular „Kennzahlen Suche"

(Quelle: eigene Grafik)

Hier können Suchbegriffe bezüglich der Beschreibung einer Kennzahl eingefügt werden Die Suche kann mit einem „%" oder mit einem „*" als Wildcard versehen werden. Es kann auch nach einer vollständigen Bezeichnung gesucht werden. Nach dem Klick auf den Button „Jetzt suchen" werden die Suchergebnisse unterhalb des Eingabefeldes angezeigt. Zu beachten ist, dass nur Kennzahlen angezeigt werden, die über einen Berechnungsweg verfügen. Hier kann eine Kennzahl per Klick markiert und mit der Schaltfläche „>" in das Projekt übernommen werden. Soll eine ausgewählte Kennzahl wieder entfernt werden, so ist diese im rechten Auswahlfenster zu markieren und mit der Schaltfläche „X" zu entfernen. Die aktuelle Auswahl wird durch einen Klick auf die Schaltfläche „Akzeptieren" übernommen. Ein Klick auf die Schaltfläche „Abbrechen" bricht den aktuellen Vorgang ab.

Wird im Projektassistenten die Schalfläche „Baum" angeklickt, erscheint ein Fenster, in
dem eine Auswahl über ein Tree-View-Element ermöglicht wird.

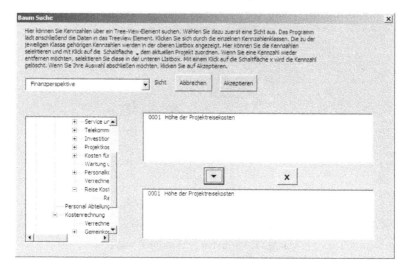

Abb. B.12: Formular „Baum Suche"

(Quelle: eigene Grafik)

Hier wird zuerst im Drop-down-Feld „Sicht" eine Auswahl der betroffenen Sicht
getroffen. Anschließend werden im Tree-View-Element die Klassen der ausgewählten
Sicht vorgeladen. Hier kann eine Klasse per Klick ausgewählt werden. Sofern diese
Klasse über Kennzahlen mit Berechnungsweg verfügt, werden diese Kennzahlen im
oberen Auswahlbereich angezeigt. Hier kann wieder eine Kennzahl durch Markieren
ausgewählt und mit dem Pfeil nach unten dem aktuellen Projekt hinzugefügt werden.
Soll aus der aktuellen Auswahl eine Kennzahl gelöscht werden, ist diese im unteren
Auswahlfeld zu markieren und per Klick auf den Button „X" zu löschen. Um die
Auswahl abzuschließen, wird mit einem Klick auf die Schaltfläche „Akzeptieren" die
aktuelle Auswahl in der Datenbank gespeichert. Ein Klick auf den Button „Abbrechen"
bricht den aktuellen Vorgang ab.

Im nächsten Schritt im Projekt-Assistenten müssen die entsprechenden Kennzahlensteckbriefe angelegt werden.

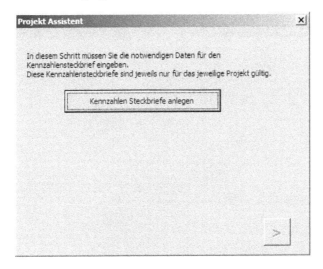

Abb. B.13: Projekt Assistent „Kennzahlen Steckbriefe"

(Quelle: eigene Grafik)

Dazu wird durch ein Klick auf die Schaltfläche „Kennzahlen Steckbriefe anlegen" ein neues Fenster geöffnet, in dem eine Auswahl getroffen wird, welche Kennzahlen mit Steckbriefen versehen werden sollen. Der Assistent kann erst beendet werden, wenn alle Kennzahlen über entsprechende Kennzahlsteckbriefe verfügen.

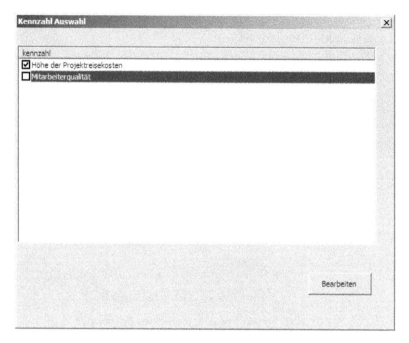

Abb. B.14: Formular „Kennzahl Auswahl"

(Quelle: eigene Grafik)

Die Checkbox vor der Kennzahlbezeichnung gibt an, ob diese Kennzahl bereits mit einem entsprechenden Kennzahlsteckbrief versehen wurde. Ist kein Steckbrief angelegt, dann ist die Checkbox leer, ist ein Steckbrief angelegt, ist sie angehakt.

Hier wird durch Markieren eine Kennzahl ausgewählt und anschließend durch Klick auf „Bearbeiten" ein Formular zur Eingabe der Steckbriefdaten geladen.

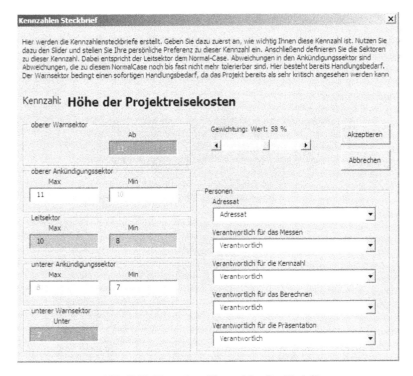

Abb. B.15: Formular „Kennzahlen Steckbrief"

(Quelle: eigene Grafik)

In diesem Formular werden die entsprechenden Daten des Steckbriefes eingegeben. Im Bereich „Leitsektor" wird eine Eingabe über den unteren und oberen Bereich des Leitsektors getätigt, der minimale Leitsektorwert wird automatisch als maximaler Wert des Ankündigungssektors gesetzt, der maximale Wert des Leitsektors als minimaler Wert des oberen Ankündigungssektors. Im Anschluss sollte der Ankündingungssektor ausgefüllt werden, wobei der Warnsektor entsprechend automatisch belegt wird.

Anschließend können über einen Schieberegler eine Gewichtung der Kennzahl eingestellt und unter „Personen" die Verantwortlichkeiten eingetragen werden.

Ein Klick auf die Schaltfläche „Akzeptieren" speichert den Datensatz in der Datenbank, ein Klick auf „Abbrechen" bricht den aktuellen Vorgang ab.

Nach Abschluss der Eingabe der Daten für alle Kennzahlen kann das Projekt ausgewertet werden. Der Assistent legt beim Klick auf die Schaltfläche „>" das Projekt in der Datenbank an und führt die Berechnung durch. Anschließend legt der Assistent eine Excelmappe mit allen Kennzahlsteckbriefen, die zu dem Projekt gehören, und der Auswertung an.

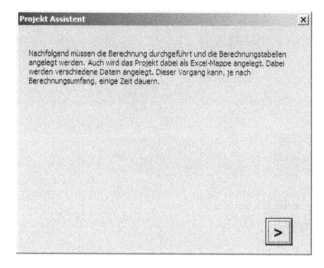

Abb. B.16: Assistent „Berechnungsstart"

(Quelle: eigene Grafik)

C Kennzahlenordnungssystem

Überblick:

Die Klassen im Einzelnen:

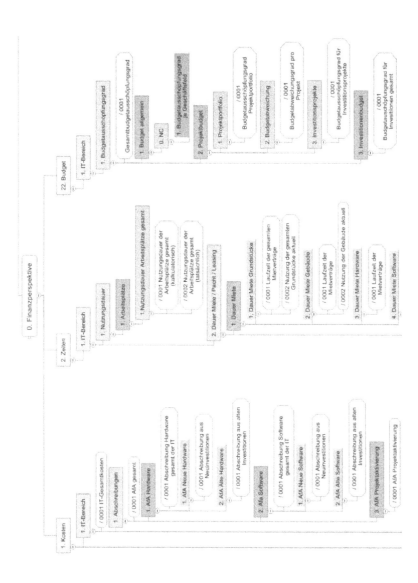

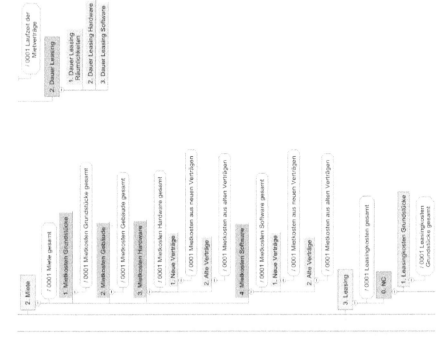

The diagram contains the following labeled elements:

2. Miete
- / 0001 Miete gesamt
- **1 Mietkosten Grundstücke**
  - / 0001 Mietkosten Grundstücke gesamt
- **2 Mietkosten Gebäude**
  - / 0001 Mietkosten Gebäude gesamt
- **3. Mietkosten Hardware**
  - / 0001 Mietkosten Hardware gesamt
    - 1. Neue Verträge
      - / 0001 Mietkosten aus neuen Verträgen
    - 2. Alte Verträge
      - / 0001 Mietkosten aus alten Verträgen
- **4 Mietkosten Software**
  - / 0001 Mietkosten Software gesamt
    - 1. Neue Verträge
      - / 0001 Mietkosten aus neuen Verträgen
    - 2. Alte Verträge
      - / 0001 Mietkosten aus alten Verträgen

3. Leasing
- / 0001 Leasingkosten gesamt
- **0. NC**
- **1. Leasingkosten Grundstücke**
  - / 0001 Leasingkosten Grundstücke gesamt

2 Miete (upper)
- / 0001 Laufzeit der Mietverträge
- **2 Dauer Leasing**
  - 1. Dauer Leasing Räumlichkeiten
  - 2. Dauer Leasing Hardware
  - 3. Dauer Leasing Software

2. Leasingkosten Gebäude
/ 0001 Leasingkosten Gebäude gesamt

3. Leasingkosten Hardware
/ 0001 Leasingkosten Hardware gesamt

4. Leasingkosten Software
/ 0001 Leasingkosten Software gesamt

4. Pacht
/ 0001 Pachtkosten gesamt

5. Service- und Wartungskosten
/ 0001 Gesamtservicekosten

1. Servicekosten
/ 0001 Gesamtservice Kosten

1. Kosten der Serviceverträge
/ 0001 Kosten der Serviceverträge

2. Kosten für nichtvertraglichen Service
/ 0001 Kosten der nichtvertraglichen Serviceleistung

2. Wartung
/ 0001 Gesamtkosten Wartung / Instandhaltung

1. Kosten der Wartungsverträge
/ 0001 Kosten für Wartungsserviceverträge

2. Kosten für nichtvertraglichen Wartung
/ 0001 Kosten für Ad-Hoc Service

3. Instandhaltung

/ 0001 Gesamtkosten Instandhaltung

1. Kosten für vertragliche Instandhaltung

/ 0001 Kosten für Instandhaltungsserviceverträge

2. Kosten für nichtvertragliche Instandhaltung

/ 0001 Kosten für Ad-Hoc Instandhaltungsservice

6. Telekommunikations und Informationskosten

1. Telekommunikationskosten

2. Informationskosten

7. Investitionen

0. NC

1. Neuinvestitionen Hardware

2. Neuinvestitionen Software

8. Projektkosten

/ 0001 Gesamtkosten durch Projekte

1. Portfolio

/ 0001 Gesamtkosten durch Projektportfolio

1. Kosten für Großprojekte

/ 0001 Gesamtkosten der Großprojekte

2. Kosten der mittelgroßen Projekte

/ 0001 Gesamtkosten der mittelgroßen Projekte

3. Kosten für Kleinprojekte

/ 0001 Gesamtkosten der Klein-Projekte

4. Kosten für Kleinstprojekte

/ 0001 Gesamtkosten der Kleinstprojekte

2. Projektaktivierung

/ 0001 Kosten aus Projektaktivierung

9. Kosten für laufenden Betrieb

/ 0001 Kosten aus laufenden Betrieb gesamt

1. Stromkosten

/ 0001 Stromkosten gesamt

1.Stromkosten Hardware

/ 0001 Stromkosten Hardware

2.Stromkosten Beleuchtung

/ 0001 Stromkosten Beleuchtung

99.Stromkosten sonstige

/ 0001 Stromkosten sonstige

10. Wartung und Instandhaltung

11. Personalkosten

/ 0001 Personalkosten der IT Gesamt

1. Projektbezogene Personalkosten

/ 0001 Personalkosten durch Projekte

/ 0002 Anteil der Personalkosten an Projektkosten

1. Interne Mitarbeiter

/ 0001 Personalkosten interne Mitarbeiter

2. externe Mitarbeiter

/ 0001 Personalkosten externe Mitarbeiter

2. Anteil der Personalkosten an IT-Gesamtkosten

/ 0001 Anteil der Personalkosten an IT-Gesamtkosten

1. Interne Mitarbeiter

/ 0001 Personalkosten interne Mitarbeiter

2. externe Mitarbeiter

/ 0001 Personalkosten externe Mitarbeiter

13. Verrechnete IT-Kosten

/ 0001 verrechnete IT-Kosten

/ 0002 Anteil der verrechneten IT-Kosten

2. Personal Abteilung

99. Kostenrechnung

1. Verrechnete Kosten

2. Gemeinkosten

/ 0001 Gemeinkosten gesamt

/ 0002 Anteil der Gemeinkosten an der Gesamtkosten

0.

1. Gemeinkosten der IT

1. Kundenperspektive

- 1. Allgemeine Kundeninformationen
  - 1. IT-Bereich
    - 1. Anwendungsebene
      - / 0001 Menge aller Anwendungen und allgemeiner Services
    - 2. Durchdringungsgrade
      - / 0001 Durchdringungsgrad betrieblicher Aufgaben durch IT
      - 1. strategische Aufgaben
        - / 0002 Durchdringungsgrad strategischer Aufgaben durch IT
      - 2. Dispositive Aufgaben
        - / 0003 Durchdringungsgrad dispositiver Aufgaben durch IT
      - 3. Operative Aufgaben
        - / 0004 Durchdringungsgrad operativer Aufgaben durch IT
    - 3. Servicelevel
      - 1. Service Level Management
      - 1. Service Level Agreements
        - / 0001 Anzahl der Service Level Agreements
        - / 0002 Anzahl der Service Level Agreements Verstöße

2. Prozessperspektive

- 1. Produktion
  - 1. IT-Bereich
    - 1. Fertigung
      - 1. Eigenfertigung
        - / 0001 Anteil der Eigenfertigung
      - 2. Fremdfertigung
        - / 0001 Anteil der Fremdfertigung
    - 2. Durchdringungsgrade der IT
      - / 0001 Durchdringungsgrad der IT für betriebliche Prozesse
    - 99 Sonstiges
      - 1. Integrationsgrade
        - / 0001 Integration der IT in betriebliche Prozesse
- 2 Lieferung
- 3. Kapazitäten
  - 1. IT-Bereich
    - 1. IT-Service
      - 1. Gesamtkapazität
        - / 0001 Gesamtkapazität
      - 2. Kapazitätsauslastung
        - / 0001 Kapazitätsauslastung der Hotline

4. Kundenzufriedenheit

/ 0001 Kundengesamt Zufriedenheit

1. Allgemeiner Service

/ 0001 Zufriedenheit mit dem allgemeinen Kundenservice

2. Intern erstellten IT-Anwendungssystem

1. Anzahl

/ 0001 Anzahl individuell entwickelter IT-Anwendungssysteme

2. Qualität

/ 0001 Qualität der eigenerstellten Softwaresysteme

3. User Help Desk

1. Benutzerunterstützung

/ 0001 Auskunftsfähigkeit

/ 0002 Art und Umfang der Benutzerschulung

2. Beschaffung

/ 0001 Beschaffungsmaßnahme (Hardware / Standardsoftware)

/ 0002 Qualität bei der Beschaffungsunterstützung

3. Anzahl User Help Desk Anfragen

/ 0001 Anzahl der Anfragen an den User Helpdesk

99. sonstiges

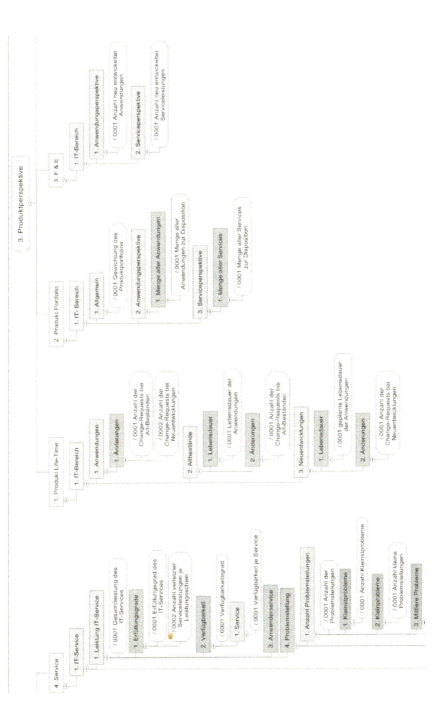

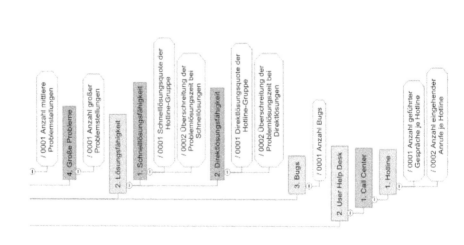

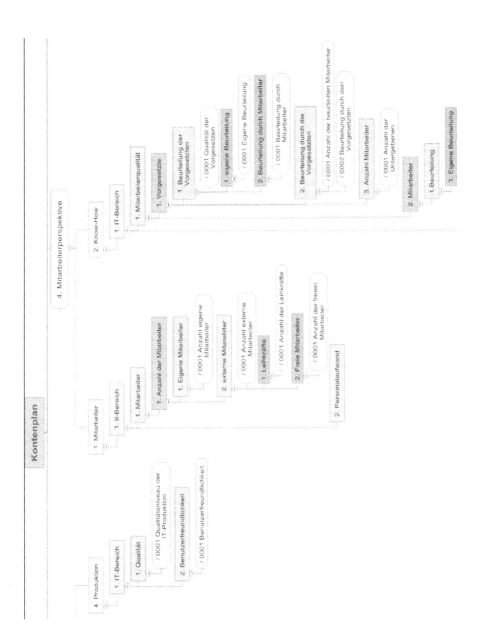

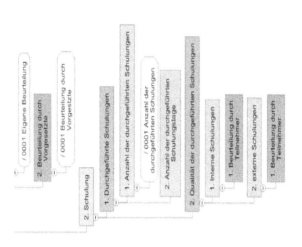

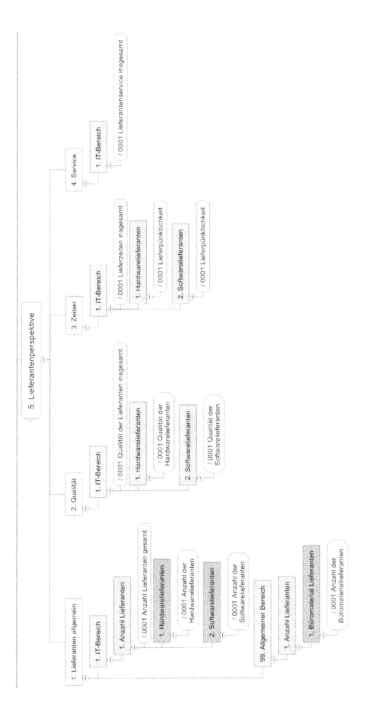

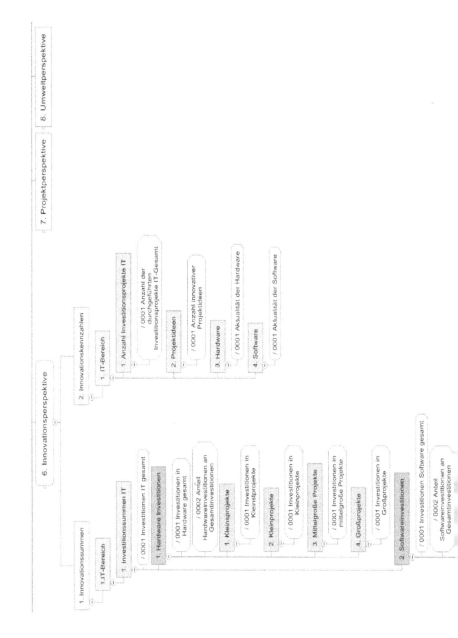

1. Kleinsprojekte

/ 0001 Investitionen in
Kleinstprojekte

2. Kleinprojekte

/ 0001 Investitionen in
Kleinprojekte

3. Mittelgroße Projekte

/ 0001 Investitionen in
mittelgroße Projekte

4. Großsprojekte

/ 0001 Investitionen in
Großprojekte

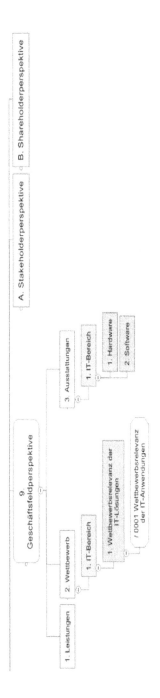